KB269989

SPARKNOTES™

인형의 집

A Doll's House

헨릭 입센

다락원 | Spark Publishing

A Doll's House by Henrik Ibsen

Copyright © 2002 by SparkNotes LLC
All rights reserved.
This Korean edition was published by DARAKWON Publishing Co.,
Inc. by arrangement with Sterling Publishing Co., Inc., New York
through KCC(Korea Copyright Center Inc.), Seoul.

이 책의 한국어 판 저작권은 (주)한국저작권센터(KCC)를 통한 저작권자와의
독점계약으로 (주)다락원에 있습니다. 저작권법에 의해 한국 내에서 보호를 받는
저작물이므로 무단전재와 복제를 금합니다.

SPARKNOTES™ 036

인형의 집

펴낸이 정규도
펴낸곳 (주)다락원

초판 1쇄 인쇄 2010년 11월 11일
초판 1쇄 발행 2010년 11월 18일

책임편집 안창열
디자인 정현석
번역 강태원
표지삽화 손창복

다락원 경기도 파주시 교하읍 문발리 509-1
내용문의: (031)955-7272(내선 400)
구입문의: (02)736-2031(내선 112~114)
Fax:(02)732-2037
출판등록 1977년 9월 16일 제300-1977-23호

Copyright © 2010, 다락원

출판사의 허락 없이 이 책의 일부 또는 전부를
무단 복제 · 전재 · 발췌할 수 없습니다.
잘못된 책은 바꿔 드립니다.

값 7,000원

ISBN 978-89-277-1985-4 43740

SPARKNOTES™

세계의 교양을 읽는다

고전을 왜 읽는가?

인간의 삶과 세상에 대한 영원한 물음이 있기 때문이다. 시대와 사상을 뛰어넘어 지금 여기 우리에게 필요한 물음이 없는 고전은 더 이상 고전이 아니다. 인간과 삶에 대한 근원적인 물음 없이 고전을 읽는다면 자신과 인간에 대한 성찰과 지혜로 이어지지 않는다. 논술 시험 때문에, 과제물 때문에, 아니면 남들이 읽으니까, 나도 읽는다는 식이라면 그 책은 죽은 책일 수밖에 없다.

고전을 살아 있는 책으로 만드는 이 '물음!'에 답하기 위해서는 좋은 길잡이가 필요하다. 오랜 기간 동안 미국의 고교생과 대학 주니어들이 시험, 에세이 작성, 심층토론 준비를 위해 바이블처럼 애용해온 'SPARKNOTES'와 'CliffsNotes'는 바로 그런 좋은 길잡이의 표본이다.

SPARKNOTES와 CliffsNotes의 가장 큰 장점은 방대하고 난해한 고전을 Chapter별로 요약하고 분석해서 원전의 내용에 보다 쉽고 체계적으로 접근하는 신속·간편성이라고 할 수 있다.

대입논술로 고민하고, 자칭 타칭의 고전이 넘쳐나는 오늘의 독서 풍토에서 지적 정복이 긴박한 대한민국 학생들에게 감히 이 시리즈를 자신있게 권한다.

—以貫之 논술연구모임 연구실장 이호곤

차례

SPARKNOTES와 CliffsNotes는 방대하고 난해한 원작을 보다 쉽게 이해할 수 있도록 돕는 안내서입니다. 여기에는 원작 이해를 돕기 위해 매 장마다 '요점 정리(또는 줄거리)'와 '풀어보기'가 실려 있습니다. '요점 정리(또는 줄거리)'에는 원저의 내용을 일목요연하게 정리해 놓아 저자가 전달하려는 내용을 어렵지 않게 파악할 수 있습니다. '풀어보기'에서는 철학서의 경우, 원저에 담긴 저자의 사상이나 관련 철학, 시대 상황, 논점 등을, 문학 작품인 경우에는 원작에 담긴 문학적 경향, 등장인물의 심리상태, 주제 등을 설명해 놓았습니다. 분석적이고 비판적인 글읽기의 바탕이 되는 요소들이죠. 비소설이나 소설을 막론하고 분석적이고 비판적인 글읽기는 독자에게 꼭 필요한 자질입니다.

그밖에도 원저를 좀더 깊이 복습해서 제대로 소화할 수 있도록 돕기 위해 'Study Questions'와 'Review Quiz' 등을 마련해 놓았습니다.

* 〈 〉는 철학서, 장편소설, 중편소설, 수필집, 시집. "   "는 단편소설, 논문
* 작품명은 독자의 이해를 돕기 위해 예외적인 경우를 제외하고는 영어식으로 표기함.

간추린 명작 노트

많은 사람들에 의해 현대 산문희곡의 아버지로 일컬어지는 헨릭 입센 Henrik Ibsen은 1828년 3월 20일 노르웨이의 시엔에서 아버지 쿠누 입센과 어머니 마리헨 알텐부르크 사이의 여섯 자녀 가운데 둘째로 태어났다. 집안은 장사 수완이 뛰어난 아버지 덕분에 부유했으나 1836년 무렵 파산하면서 가세가 기울었다. 헨릭 입센은 1851년부터 1864년까지 베르겐과 크리스티아니아(오늘날의 오슬로)의 극장들에서 일했으며, 스물한 살 때 첫 희곡인 5막의 운문비극 〈카틸리나 *Catiline*〉를 썼다.

1858년, 스잔나 소레슨과 결혼했고 이듬해 아들을 얻은 입센은 시대조류에 따라 부부가 그저 함께 살기보다는 각자 동등하게 한 명의 인간이 되어 자유롭게 삶을 영위해야 한다는 생각을 품고 있었다.(〈인형의 집 *A Doll's House*〉(1879)에서 분명히 표현) 그 결과, 입센 비평가들은 그가 결혼제도를 존중하지 않았다고 비난했다. 사생활과 마찬가지로 작품들도 민감한 사회 문제들을 건드렸기 때문에 노르웨이 사회의 일부 계층들은 입센을 아주 못마땅하게 여겼다. 이처럼 작품뿐만 아니라 사생활까지 비난받는 것이 거북스러웠던 입센은 1864년 노르웨이 정부의 보조금을 받아 이탈리아로 이사했고, 그 후 27년간 대부분을 이탈리아와 독일에서 지냈다.

입센은 초기 극작가 시절에는 돈은 많이 벌지 못했으나 귀중한 경험을 얻었다. 1866년, 첫 연극 성공작인 가극 〈브란트 *Brand*〉를 출판했고, 곧이어 운문희곡 〈페르 귄트 *Peer Gynt*〉가 좋은 반응을 거두면서 당대의 대표적인 노르웨이 극작가 반열에 올라서는 발판이 마련된 것. 〈페르 귄트〉나 〈브란트〉와 달리 이탈리아 시절에 출간한 대표작 〈인형의 집〉은 얼마 지나지 않아 연극 장르에서 크게 유행한 사실주의—소시민의 삶을 있는 그대로 반영하려 노력하고 이상적인 모습은 가급적 회피—의 발달에 기여한 획기적인 작품으로 꼽히고, 보통사람들의 일상을 산문체로 표현하면서도 고전 비극의 주제와 구조를 채용했으며, 여성의 권리와 인권 일반에 대한 관심도 명백히 밝히고 있다.

〈인형의 집〉에 이어 발표한 혁신적이고 현실적인 희곡 〈유령 *Ghosts*〉(1881)과 〈인민의 적 *An Enemy of the People*〉(1882)이 성공하면서 국제적으로 인정받기 시작한 입센의 작품들은 유럽 전역에서 무대에 올려졌고 많은 언어로 번역되었다.

후기 활동에서는 사실적인 연극에서 벗어나 심리적이고 잠재의식적인 본성에 관한 의문점들을 다루려고 들면서 상징성이 두드러졌는데, 이 시기의 작품에는 〈들오

리 *The Wild Duck*〉(1884)와 마지막 해외 집필작 〈헤다 게블러 *Hedda Gabler*〉(1890) 등이 있다. 1891년, 독일을 떠나 오슬로로 돌아온 이후에는 〈도시 건설자(건축사 솔네스) *The Master Builder*〉(1892)와 〈작은 아이욜프 *Little Eyolf*〉(1894) 등을 썼다. 입센은 1900년의 뇌일혈과 1901년의 발작으로 반신불수가 되어 병상에 누워 지내다가 1906년 5월 23일, 78세를 일기로 세상을 떠났다.

| 제목에 관한 메모 |

영어로 번역된 희곡 대부분의 제목은 〈인형의 집〉이다. 그러나 일부 학자들은 노르웨이어 제목에 더 정확한 번역은 "인형 집"이라면서, 인형을 좀더 분명하게 연상시킬 뿐만 아니라 마치 전체적인 등장인물 배역의 특성과도 맞아떨어진다고 주장한다. 스파크노트에서는 작품의 일관적인 설명을 위해 좀더 일반적인 제목—인형의 집—을 사용하기로 한다.

　세 아이의 어머니이자 유능하고 자상한 변호사 헬멜의 아내 노라는 세상에 부러울 것 없는 여인이다. 게다가 헬멜은 새해부터 은행장으로 취임하기로 되어 있어 크리스마스를 준비하는 노라는 기쁨과 행복이 넘친다. 그런데 뜻하지 않은 손님이 방문하면서 노라의 일상에 변화가 생긴다.

　결혼 직후, 헬멜이 중병에 걸려 오랜 치료와 요양을 해야 할 상황이 되자, 노라는 그 비용을 충당하기 위해 아버지의 서명을 위서(僞書)하여 고리대금업자로부터 돈을 빌린 적이 있었다. 그 후 오랜 시간이 흐른 지금, 노라는 그 대출자가 남편이 행장으로 취임할 은행에서 근무하고 있을 뿐만 아니라, 남편이 그를 해고할 계획이란 사실을 알게 된다. 노라를 찾아온 대출자는 만약 해고되면 노라의 범법 사실을 세상에 알려 남편을 매장시키겠다고 협박한다. 노라는 이런저런 방법을 동원해서 폭로를 막아보려 했지만 결국 남편에게 알려지고, 사랑하는 아내의 범법행위를 참지 못한 헬멜는 배신감에 치를 떨며 심한 말을 퍼붓는다. 그 순간, 모든 것을 바쳐 남편과 가정을 지켜왔던 노라는 그동안 자신이 당당한 인격체가 아니라 그저 인형으로만 취급되었다는 사실을 깨닫게 되고, 남편의 뒤늦은 후회와 간절한 애원을 뒤로 한 채 홀연 집을 떠난다.

　제1막. 크리스마스 이브, 문이 열리고 노라 헬멜이 상자들을 한 아름 안고 거실(전체 연극의 무대)로 들어선다. 그 뒤에서는 짐꾼이 크리스마스 트리와 바구니를 하녀에게 넘겨준다. 톨발 헬멜이 잠시 후 서재에서 나와 밝고 사랑스럽게 아내를 맞이하는 한편, 낭비가 심하다며 잔소리를 늘어놓는다. 부부의 대화를 통해 그들이 오랫동안 쓸데없는 곳에는 함부로 돈을 쓰지 않았고, 새해부터 톨발이 은행장으로 취임하게 되면 풍족한 생활을 할 수 있다는 사실이 밝혀진다. 헬멜은 노라에게 빚지지 말고 조금만 더 참고 살자며 얼마간의 지폐를 건넨다.

　초인종 소리가 들린다. 하녀 헬렌이 들어와 낯선 여자 손님이 찾아왔다고 전하고, 헬멜에게는 친구 랭크 박사가 서재로 들어갔다고 덧붙인다. 크리스티네 린데가 들어오자 머뭇거리던 노라가 학창시절 친구인 것을 알아보고는 매우 놀란다. 무려 10여년 만이었던 것. 노라는 3년 전 신문에서 친구 남편의 사망소식을 접했다며 위로한다. 린데 부인은 유산이나 '슬픔과 걱정의 씨앗(아이)조차 없이' 혼자 남았다면서, 그동안 살아온 이야기나 들려달라고 청한다. 노라는 요즘 행복한 일이 있다며, 남편이 새해부터 은행장으로 일하면 굉장한 수입을 올릴 수 있고 걱정도 없다고 자랑한다. 린데 부인은 학창시절에도 낭비가 심하더니 아직도 철부지라며 핀잔을 준다. 노라는 결혼 이후에 낭비는 꿈도 꾸지 못했으며 두 사람 모두 일해야 했고 아침 일찍부터 밤늦게까지 무리해서 일하던 남편이 중병에 걸리는 바람에 의사들의 권유에 따라 요양차 1년간 이탈리아에서 멋지게 지냈으나 4,800크로나(1,200달러)를 썼다면서, 그 큰돈은 돌아가신 아버지께 받은 것이라고 둘러댄다.

화제를 바꾼 노라는 "바깥양반을 사랑하지 않았다는 말이 사실이냐?"고 묻는다. 린데 부인은 병든 어머니와 두 남동생을 돌보기 위해 청혼을 받아들일 수밖에 없었으며 남편이 죽자 사업도 흐지부지되고 남은 재산도 없었기 때문에 지난 3년간 하루도 쉬어보지 못했지만 어머니의 별세와 동생들의 독립으로 그것마저 끝나 아주 허전하고 사는 보람이 없다면서 일에 파묻혀 근심걱정을 잊을 수 있도록 직장을 잡았으면 좋겠다고 넌지시 도움을 청한다. 노라는 '내게' 맡겨두라고 약속하고는 '당신만' 알고 있으라며 '자랑스럽게 생각하는' 비밀 하나를 털어놓는다. 여행을 핑계 삼아 이탈리아에 갔을 때 사용한 요양비용은 고리대금업자로부터 빌렸고 남편에게는 아버지 돈이라고 거짓말을 했으며, 지금까지도 이런저런 일을 해서 돈을 모았다가 조금씩 빚을 갚았는데 이제 곧 걱정거리가 사라지고 '봄날이 찾아온다'는 것이었다.

톨발이 취임할 은행의 직원인 크로그스타가 노라의 집

을 방문한다. 깜짝 놀란 린데 부인이 재빨리 몸을 돌린다. 긴장한 노라는 회사일로 왔다는 크로그스타를 톨발의 서재로 안내한다. 서재에서 나와 린데 부인과 인사를 나눈 랭크 박사는 크로그스타가 누군가의 도덕적 결함을 찾아내면 그것을 빌미로 좋은 지위와 바꾸려 드는 '속까지 썩어빠진' 인물이라고 비난한다.

대화를 끝내고 거실로 나온 톨발은 노라가 린데 부인의 일자리를 부탁하자 적시에 왔다며 가능할 것 같다고 말한다. 랭크 박사, 톨발, 린데 부인이 집을 나서고, 아이들이 보모 안나 마리아와 함께 방으로 들어온다. 아이들과 즐겁게 숨바꼭질 놀이에 빠져 있던 노라는 크로그스타가 부르는 소리에 깜짝 놀란다. 두 사람의 대화를 통해 크로그스타가 노라에게 요양비용을 빌려주었다는 사실이 암시된다.

'부인의 영향력'으로 해고를 막아달라고 부탁하던 크로그스타는 노라가 거부하자 그녀가 위조 서명한 차용증이 있다면서 만약 자신이 은행에서 쫓겨나면 그녀에게도 좋지 않은 일이 벌어질 것이라고 협박한다. 안절부절못하던 노라는 귀가한 톨발에게 크로그스타의 해고를 재고하도록 설득하려 들지만, 막무가내다. 크로그스타는 위조 서명을 했으며 속임수로 벌을 받지 않고 어물쩍 넘어간 위선자이기 때문에 주변사람들과 자식들에게 나쁜 영향을 끼칠 뿐이라면서, 그런 사람과는 함께 일할 수 없다는 것. 노라는 아이들

을 타락시키고 가정을 더럽힌다는 말에 충격을 입은 모습
이다.

제2막. 크리스마스, 노라는 초조하게 거실을 서성대고
있다. 린데 부인이 찾아와 다음날 노라가 가장무도회에서
입을 의상의 수선을 돕는다. 랭크 박사에 대해 이것저것을
묻던 린데 부인은 박사가 노라에게 돈을 대주는 인물이라
고 추측하고 관계를 청산하라고 충고한다. 노라는 그저 친
구 사이에 불과하다며, 빌린 돈을 갚으면 차용증을 돌려받
을 수 있는지 묻는다. 린데 부인이 '물론'이라며 감추고 있
는 일이 무엇이냐고 묻다가 톨발의 귀가 소리가 들리자 옆
방으로 건너간다. 노라는 크로그스타를 해고하지 말라며 '당
신을 위한' 것이라고 애원하지만, 톨발은 그 작자가 학창시
절 친구란 사실을 빌미로 다른 사람들 앞에서 무례하게 구
는 것이 싫다면서 크로그스타의 해고통지를 우편배달부를
찾아 전달하라며 하녀에게 건네고는 서재로 들어간다. 멍
한 상태로 서 있는 노라.

서재 밖에서 랭크 박사가 노라에게 자기의 '목숨이 떠
나가고 있다'고 고백한다. 노라는 그의 기운을 북돋아주기
위해 담소하다가 도와달라고 부탁하는 순간, 박사가 '당신
을 위해서라면 목숨이라도 바치겠다'고 고백하자 도움은
필요 없다며 얼버무린다.

노라를 찾아온 크로그스타는 남편이 그녀를 사랑하지

않는 것 같다면서, 이제는 재고용만으로는 만족할 수 없고 헬멜의 도움을 받아 출세하고 싶다며 편지를 우편함에 넣고 돌아간다. 겁을 집어먹고 낙담한 노라가 자초지종을 들려주자 린데 부인은 크로그스타가 한때는 자기를 위해 무슨 일이든 했던 시절이 있었다면서 편지를 찾아가게 해야겠다고 말하고는 톨발이 편지를 읽지 못하도록 시간을 끌라고 덧붙인다.

노라는 남편의 관심을 돌리기 위해 다음날 가장무도회에서 보여줄 타란텔라 춤을 연습한다. 흥분한 노라의 춤은 거칠고 맹렬했으며, 톨발이 계속 아내의 춤을 고쳐주는 사이에 린데 부인이 돌아온다. 노라는 톨발로부터 가장무도회에서 춤을 마칠 때까지는 우편함을 열지 않겠다는 약속을 받아낸다.

잠시 후, 톨발과 랭크 박사가 자리를 뜨자, 린데 부인은 크로그스타가 시골에 갔으며 내일 저녁에나 돌아온다는 대답을 듣고 편지를 써놓고 왔노라고 말한다. 노라는 타란텔라가 끝날 때까지 '31시간의 목숨이 남은 셈'이라고 중얼거린다.

제3막. 다음날 저녁, 위층에서는 음악이 들리고, 아래층에서는 린데 부인이 초조하게 누군가를 기다리고 있다. 잠시 후 크로그스타가 들어와 린데 부인과 나누는 대화를 통해 그들이 한때 깊이 사랑했으나 린데 부인이 어머니와 동생들을 부양하기 위해 부유한 사람과 결혼했다는 사실이 밝혀진다. 그녀는 지난 일을 설명해 주며 이제는 당신과 함께라면 어떤 고생이라도 참을 수 있으며 당신 아이들에게도 어머니가 되어주고 싶다고 고백하자, 크로그스타는 매우 기뻐하며 톨발이 노라의 비밀을 모르도록 편지를 찾아오겠다고 말한다. 그러나 린데 부인은 오히려 노라의 비밀이 밝혀져야 부부 사이에 완전한 이해가 이루어진다며 그냥 내버려두라고 말린다. 크로그스타가 밖에서 기다리겠다며 자리를 뜬다.

노라와 톨발이 무도회를 마치고 돌아온다. 린데 부인과 작별인사를 나눈 톨발이 '재미없는' 여자라며 투덜대고는 노라에게 춤을 출 때 너무 매력적이었다면서 다가서자 노라가 거부하는 순간, 랭크 박사가 찾아와 이런저런 대화를 나누고 돌아간다. 우편함을 비우러 갔던 톨발이 편지뭉치들을 살피다가 랭크 박사의 명함 두 장을 발견하는데, 이름 위에 검은 십자가가 그려져 있다. 노라는 죽음을 예고하는 작별인사라고 설명해 주고는 편지들을 읽어보라고 재촉한다. 톨발이 편지들을 들고 서재로 들어가자, 노라는 마음속으로 남편과 아이들에게 작별인사를 건넨다.

노라가 급히 밖으로 나가려는 순간, 편지를 읽고 격분한 톨발이 노라를 거짓말쟁이에 범죄자라며 '나의 행운을 망쳐놓았다'고 목청을 높이고, 믿을 수 없는 여자에게는 아

이들의 교육을 맡기지 못하겠다고 덧붙인다. 그때 초인종
이 울리고, 하녀가 '마님께' 편지가 왔다며 건넨다. 편지를
가로채 몇 줄을 읽고 차용증을 훑어본 톨발은 "나는 살았다"
면서, 모욕적인 언사들은 모두 잊으라며 '당신을 용서했다'
고 태도를 바꾼다. 노라는 8년간의 결혼생활에도 불구하고
단 한 번도 서로 진지하게 대화를 나눈 적이 없으며, 남편
은 '나'를 인생의 반려자가 아니라 소유와 유희를 위한 인
형으로만 취급해 왔다면서 이제는 '나 자신과 바깥세상을
알기 위해 꼭 떠나야겠다'는 선언과 함께 현관문을 세차게
닫고 집을 나간다.

● **노라** Nora | 주인공이자 톨발 헬멜의 아내. 부르주아 계층으로서 당시 시민사회가 기대하는 귀엽고 상냥하며 헌신적인 현모양처로 살아왔으나 남편의 목숨을 구하기 위해 저질렀던 서명위조 사건이 밝혀지면서 수동적 역할만 강요당하는 처지를 깨닫고 한 사람의 온전한 인격체로서의 자아를 찾기 위해 집을 떠난다.

● **톨발 헬멜** Torvald Helmer | 노라의 변호사 남편. 가장으로서의 권위적인 지위뿐만 아니라 은행에서 새롭게 떠맡을 직위에 대해서도 기쁨과 자부심을 느낀다. 마치 아이 다루듯 자상하고 오만하게 아내를 대하는 태도는 대등한 동반자 관계보다는 원하는 대로 갖고 놀 수 있는 장난감이나 '인형'으로 취급하는 것 같다. 사회직인 위치와 평판에 지나치게 집착하고 사회의 조롱에 민감하며, 절친한 친구의 임박한 죽음도 아무렇지 않게 여기는 냉혹하고 이기적인 인물.

● **크로그스타** Krogstad | 톨발의 동창이자 톨발이 행장으로 취임할 은행의 직원. 성격이 상당히 모순적이다. 비록 자

식들을 세상의 빈정거림으로부터 보호하려는 부정(父情)
때문에 나쁜 행동을 하는 것 같으면서도 비윤리적인 방법
을 거리낌 없이 사용할 자세가 되어 있는 것. 노라를 괴롭
히는 행동들은 경멸받아 마땅하지만, 여전히 노라에게 일
말의 동정심을 느끼고 있다는 그의 주장과 린데 부인의 말
에 순순히 따르는 모습을 보면, 어느 정도까지는 이해와 동
정심을 불러일으키는 인물이다.

● **린데 부인** Mrs. Linde | 노라의 학창시절 친구. 실용적이
고 현실적이며 분별력 있는 인생관은 다소 천진난만한 노
라의 그것과 분명하게 대비된다. 그녀가 겪은 가난은 노라
가 누리는 특권적 생활과 뚜렷이 비교되며, 그녀는 어려운
처지 속에서도 병든 어머니를 책임지고 보살핀 반면, 노라
는 아버지가 병환일 때조차 신경을 쓰지 않았다. 노라가 스
스로 판단하고 행동할 수 있는 능동적 존재로 재탄생하는
계기를 마련해 준다.

● **랭크 박사** Dr. Rank | 톨발의 가장 절친한 친구. 대체로
타인의 시선을 개의치 않는 인물이며, 운명을 냉소적이면서
도 담담하게 수용하는 모습도 주목할 만하다. 노라에게 연
정을 품고 있으며, 아내를 자기가 원하는 대로 꾸미고 행동
하도록 만들려는 톨발과 달리, 있는 그대로의 노라를 사랑
한다.

● **밥, 에미, 이발** Bob, Emmy, Ivar ┃ 노라와 톨발의 세 자녀. 잠깐 나오는 노라와 자녀들의 대화를 통해 노라가 아이들을 매우 사랑하는 자상한 어머니란 사실을 파악할 수 있다. 아이들의 인격발달에 부모의 자질이 크게 영향을 미친다고 믿는 노라는 연극 후반에 아이들을 떠맡지 않겠다고 말하는데, 부족한 자신이 아이들을 도덕적으로 타락시킬 수도 있다는 두려움 때문이다.

● **안나 마리아** Anne-Marie ┃ 헬멜 가족의 보모. 입센이 성격을 완전히 노출시키지는 않지만 어릴 때부터 진실한 애정을 갖고 어머니처럼 노라를 길렀으며, 노라의 아버지가 제의한 유모일을 맡기 위해 사랑하는 딸과 함께 사는 것도 포기했다. 노라와 린데 부인처럼 경제적 필요 때문에 기꺼이 자신을 희생하는 공통점이 있다.

● **노라의 아버지** Nora's Father ┃ 연극이 시작되기 전부터 이미 이 세상 사람이 아니지만, 극중에서 처음부터 끝까지 등장인물들의 입에 두루 오르내린다. 노라는 분명히 아버지를 사랑하고 존경하면서도 자신이 남편의 비위나 맞추는 인형 같은 처지가 된 것을 아버지 탓으로 돌린다.

노라 헬멜

〈인형의 집〉 초두에서는 완벽할 정도의 행복을 누리는 것처럼 보인다. 남편의 성가신 요구들에 대해 사랑스럽게 반응하고, 남편의 새로운 직장이 가져다줄 많은 수입에 들떠 있으며, 자녀들과도 즐겁게 놀아주는 모습은 마냥 행복한 여인의 전형인 것. 나약하게 길들여지고, 응석을 부리고, 어린애 취급을 받는 '인형' 같은 모습에 대해서는 그다지 신경을 쓰지 않는 듯해도 극이 진전되면서 소위 '철부지 소녀'가 아니란 사실을 차분히 구체적으로 보여준다.

사랑하는 남편의 목숨을 구하기 위해 빚을 얻는 모습은 현명할 뿐만 아니라 단순한 아내로서의 위치를 넘어서는 역량도 지녔다는 증표다. 남편의 자존심을 살려주기 위해 수년간 몰래 이런저런 일로 돈을 모아 빚을 갚아왔다는 말에서는 강한 의지력과 배려심을 엿볼 수 있고, 법률마저 위반하는 태도에서는 용기가 드러난다.

크로그스타의 협박과 그것에 따른 충격과 고뇌는 그녀의 본성을 바꿔놓지 못하며, 오히려 충분히 발휘되지 않고 제대로 평가받지 못한 잠재적 가능성에 눈을 뜨게 해준다. 절정 부분에서 던지는 "나는 당신을 위해 재주를 부리고 있었어요"라는 말은 글자 그대로 춤추고 노래하는 것 이외에 결혼생활 내내 '쇼'를 했다는 사실을 깨달았다는 뜻이다. 그동안 아버지와 톨발을 비롯한 사회가 기대하는 모습을 충족시키기 위해 '나를' 희생시켜 왔다는 것.

위조 차용증 사건이 밝혀지자마자 표변한 톨발의 가혹하고 이기적인 언행은 노라의 자각에 불을 댕기는 결정적 촉매제가 된다. 물론, 제1막에서도 자신의 참된 성격과 표피적인 삶이 모순된다는 사실을 전혀 모르는 것은 아니다. 린데 부인과 랭크 박사에게 은행 직원들이 톨발의 부하가 된다는 것이 '정말 재미있다'면서 남편이 금하는 마카룬을 몰래 먹고 남편에게 욕을 내뱉는 사소하지만 의미심장한 반항을 통해 기쁨을 느끼는 것이다. 이 같은 반항 욕구는 극이 전개되고 자신의 삶에 대한 진실을 자각하면서 점점 늘어가다가 혼자 힘으로 일어서기 위해 남편과 아이들을 떠나는 시점에서 절정에 도달한다.

톨발 헬멜

결혼생활에서 아내를 보호하고 이끄는 것이 남자의 역할이라고 믿고, 노라에게 자신의 지도가 필요하다는 사실을 내심 즐기면서 사사건건 간섭한다. "빚과 대출에 의지하는 가정은 자유롭지 못하기 때문에 아름답지 않다"는 말처럼 진부하고 도덕군자 같은 어투로 아내를 타이르는가 하면 가장무도회에서 추게 될 춤까지 가르치려 들고, 아내의 구세주라고 생각하기를 좋아한다.

"나는 가끔 당신이 어떤 끔찍한 위험에 빠져 내가 당신을 위해 생명과 사지(四肢)뿐만 아니라 모든 것을 걸 수 있는 상황이 펼쳐졌으면 좋겠다고 상상한다는 것을 알고 있소?"

노라와의 관계에서 우위를 점하고 '(철부지) 소녀'라고 부르지만, 실제로는 아내보다 더 유약하고 아이 같은 인물이다. 랭크 박사가 노라에게 톨발이 병실에 오면 문을 열어주지 않겠다면서 "톨발은 아주 까다로워요. 더러운 것은 대놓고 보지 못하죠"라고 말하는데, 아이처럼 이 세상의 곤혹스러운 현실로부터 보호받아야 한다는 암시다. 더 나아가 유치하게 편협한 모습을 보여줄 때도 있다. 크로그스타를 해고하려는 진짜 이유는 비도덕적이기 때문이 아니라 '적당히 맺어진 우정'을 빌미로 사람들 앞에서 무례하게 굴기 때문이란 것이다. 권위에 대한 위기감뿐만 아니라 화도 치밀어 올랐던 것.

크로그스타를 해고하지 말아달라는 아내의 부탁을 거절하면서 만약 그 친구를 그대로 두면 '여편네 말에 결심을 바꿨다'며 부하직원들의 조롱거리가 될 것이란 설명에서는 아내의 간절한 요청보다 자신의 평판을 더 중시하는 이기적인 모습이 엿보인다. 사회로부터 존경받기를 원하는 욕구는 위조 차용증에 대한 반응에서 더 확연히 드러난다. 노라가 자신의 행복을 망쳐놓았으며 더 이상 자식들 교육을 맡기지 않겠다면서도 집안의 체면을 지키기 위해 가출만은 않도록 당부하는 것.

크로그스타

〈인형의 집〉에서 적대역(소설·극 등에서 주인공과 대립되는 역할)이지만, 철저한 악인은 아니다. 비록 의도적으로 노라에게 고통을 안겨주는 악한 면이 있지만, 동정심이 전혀 없지는 않은 것.

"돈놀이꾼들, 엉터리 변호사들, 이를테면, 저 같은 위인도 소위 따스한 감정을 조금은 가질 수 있다."

게다가 그의 행동에는 나름대로의 동기가 있다. 은행 일자리를 계속 유지함으로써 좋지 않은 평판 때문에 자녀들이 겪은 곤경을 벗어나게 해주고 싶다는 것이다.

노라와 마찬가지로 사회로부터 부당한 대우를 받았고, 서명 위조라는 똑같은 범죄를 저질렀으나 비교적 경미한 범죄에 대해 사회는 범죄자란 오명을 씌우고 과거의 치욕으로부터 벗어나지 못하게끔 만들었다. 더욱이 린데 부인의 배신 이후부터 빗나가기 시작했다는 그의 주장을 감안하면, 상황의 피해자라는 생각도 든다. 물론, 사회의 부당한 대우가 그의 행위들을 정당화시키지는 못하지만, 그것을 통해 노라와 흡사해지면서 비열한 인물이라는 독자의 인식은 약해질 수밖에 없다.

주제, 모티프, 상징

| 주제 |

문학 작품에서 전체 내용을 관통하는 근본적이고 포괄적인 생각.

여자의 희생적인 역할

〈인형의 집〉에서 입센은 당시 모든 계층의 여성들이 겪어야 했던 희생적인 모습을 씁쓸하게 그려내고 있다. 일반적으로 이 작품에 등장하는 여성들은 비록 남자들은 자신들의 명예를 희생하려 들지 않지만, '수많은 여인들은 그래왔다'는 노라의 주장(제3막)을 뒷받침하는 본보기들이다. 린데 부인은 어머니와 두 동생을 부양하기 위해 사랑하는 크로그스타를 배신하고 부자와 결혼한다. 안나 마리아는 먹고 살기 위해 친자식을 딴 사람에게 맡기고 노라의 유모가 되었다면서, 불행하고 가난한 여인에게는 더할 나위 없이 좋은 일자리였다고 말한다.

노라는 이들보다 경제적으로는 낫더라도 아주 어렵게 살고 있다. 사회가 톨발을 가장으로 지목하기 때문이다. 따라서 톨발은 포고령을 내리고 노라에게 은혜를 베푸는 듯이 생색이나 내며, 노라는 톨발이 아내의 도움으로 목숨을 건졌다는 사실을 절대 받아들이지 못할 것을 알기 때문에 대출을 숨길 수밖에 없다. 더욱이 당시에는 아내가 남편의 허락 없이 돈을 빌리는 것은 불법이기 때문에 몰래 일을 해서 빚을 갚아야만 한다. 이처럼 노라는 톨발과 사회의 경직된 태도로 인해 어쩔 수 없이 속임수를 쓰게 되면서 크로그스타의 협박에 취약해지고 만다.

노라가 자녀들을 떠나기로 마음먹는 행위도 자기희생으로 해석될 수 있다. 보모가 자신보다 더 아이들을 잘 보살펴줄 것이고, 자기가 떠나는 것이 아이들의 올바른 교육을 위해서도 최선의 선택이라고 진심으로 믿으면서 아이들에 대한 깊은 사랑을 포기하기 때문.

부모와 자식으로서의 의무

노라, 톨발, 랭크 박사는 저마다 부모는 정직하고 고결해야 할 의무가 있다고 믿는다. 부모의 부도덕성이 마치 질병처럼 자식들에게 유전되기 때문이라는 것. 랭크 박사의 경우에는 아버지가 문란한 생활을 하다 걸린 성병이 아들에게 유전된 것인데, 결국 아버지의 부도덕성 때문에 대를 이어 고통받는 셈이다. 톨발의 경우에는 "거의 모든 청소년 범죄자들에게는 거짓말쟁이 어머니가 있지"라며 부모가 아이의 도덕성을 결정한다고 강조하고, 위조 차용증 사실을 알게 되자 노라가 아이들을 타락시킬 수 있기 때문에 교육은 더 이상 맡길 수 없다고 단언한다.

이 작품은 자녀들의 부모 부양의무에 대해서도 시사한다. 노라는 이 의무를 알았지만 무시하고 편찮으신 아버지 대신 병든 남편을 지키기로 마음먹는다. 반면, 린데 부인은 사랑하는 크로그스타와 함께 지내는 행복을 포기하고 아픈 어머니와 동생들을 돌보기 위해 다른 사람과 결혼한다. 입센은 어느 쪽이 옳고 그르다는 판단을 유보한 채, 자식들은 누구나가 부모에게 빚을 지고 있다는 관념을 통해 복잡하고 호혜적인 성격의 가족 간의 의무에 대해 역설하고 있다.

겉모습이 초래하는 오판가능성

〈인형의 집〉이 전개되면서 등장인물들과 상황들의 겉모습은 그 실체를 오도하는 차폐물에 지나지 않는다는 것을 알 수 있다. 노라, 톨발, 크로그스타의 첫인상은 피상적인 모습일 뿐이다. 노라의 경우, 처음에는 어리석고 철부지 같지만 극이 진행될수록 지혜롭고 의욕적인 모습이 드러나며 결말 부분에 이르면 결단력과 독립심이 깅힌 어인의 면모가 밝혀진다. 처음에 유능하고 자상한 남편의 모습을 보이는 톨발은 크로그스타가 비밀을 폭로할지도 모른다고 우려하는 시점에서는 겁쟁이에 쩨쩨하고 이기적인 실체를 여지없이 보여준다. 크로그스타는 사악하고 교활한 듯한 처음 이미지에서 점차 벗어나 인정 많고 가정적인 인물로 발전한다.

상황들도 독자와 등장인물들에게 잘못 해석되고 있다. 린데 부인과 크로그스타 사이에는 증오가 있는 것 같았지만 사랑으로 판명되고, 노라의 채권자는 린데 부인의 추측처럼 랭크 박사가 아니라 크로그스타이다. 그저 가까운 친구로만 생각했던 랭크 박사가 노라에게 사랑을 고백하는 장면은 다소 의외지만, 노라의 매력을 입증하는 장치라고 할 수 있다. 사악해 보이던 크로그스타가 노라에게 차용증을 돌려주기로 린데 부인과 약속하면서 극은 해피엔딩을 향하는 것 같다. 그러나 린데 부인이 돌연 크로그스타의 편지가 톨발의 손에 들어가도록 만들면서 독자들을 의아하게 하는데, 노라 부부에게 사랑을 확인할 수 있는 계기를 주기 위한 속셈의 일환이었다.

극의 마지막에 나타나는 톨발 가정의 불안정은 톨발이 진정한 행복의 창출을 희생시키면서 이미지에만 급급한 결과다. 부하직원들과 친구들, 아내로부터 존경을 갈망하는 톨발에게 이미지와 지위는 무엇보다 중요하다. 예를 들면, 인형 같은 아내가 감히 쩨쩨하다고 비아냥대거나 부하인 크로그스타가 거리낌 없이 이름을 부르면, 무시당하는 느낌이 들어 화가 치미는 위인인 것이다. 그러나 아내의 결연한 반기에도 불구하고 겉모습에 집착하며 현실을 받아들이지 않으면서, 그의 가족과 그의 행복은 돌이킬 수 없이 손상된다.

| 모티프 |

작품의 대표적인 주제들과 관련하여 전체에 통일감을 주는 것으로, 되풀이되는 구조나 대비, 또는 문학적 장치, 등.

노라가 규정하는 자유

노라가 이해하는 자유의 의미는 극이 진행되어감에 따라 진화한다. 제1막에서는 빛을 청산하면 집안일에 전념할 수 있을 테니 진정으로 '자유로울' 것이라고 믿는다. 그러나 크로그스타에게 협박을 당한 이후에는 행복의 개념을 다시 생각하고, 톨발의 집에서 그의 법칙과 명령에 따르는 것이 과연 행복인지를 자문하게 된다. 그리고 극의 끝부분에 이르면, 새로운 종류의 자유를 찾는다. 자신의 야망, 신념, 개성을 추구하기 위해 가족에 대한 의무로부터 벗어나기를 바라는 것이다.

편지들

줄거리의 많은 굴곡이 편지를 쓰고 읽는 일에 의존하는데, 편지들은 톨발과 노라의 미화 노력에 의해 모호해진 상황들의 참되고 불쾌한 본질을 밝히는 장치 역할을 한다.

크로그스타는 두 통의 편지, 즉 노라의 위조 범죄를 톨발에게 알리는 편지와 협박을 거두고 차용증을 돌려주기 위한 편지를 작성한다.

제2막의 끝부분에서 크로그스타가 톨발의 우편함에 집어넣는 첫 번째 편지는 노라의 과거에 대한 진실을 드러내고, 그때 "우린 이제 끝장이로군요"라는 노라의 독백처럼 결혼생활의 붕괴를 촉발시킨다. 노라가 남편이 편지를 읽지 못하도록 시간을 끄는 것은 결혼의 진정한 실체를 계속 인정하려 들지 않는다는 의미다. 두 번째 편지는 노라를 크로그스타에 대한 의무로부터 해방시켜주는데, 톨발에 대한 의무에서도 벗어난다는 의미가 된다.

두 번째 편지를 읽고 난 톨발은 다시 이전처럼 현실을 부정하려 들지만, 편지 두 통을 통해 톨발의 이기심을 적나라하게 목격한 노라는 행복한 결혼생활이라는 환상을 떨쳐버리기로 작정하고 실행에 옮긴다.

랭크 박사는 검은 십자가가 그려진 명함을 우편함에 넣는 것으로 임박한 죽음을 알리는데, '추한 것을 맞대면하지 못하는' 톨발의 이기심과 결벽증을 암시하는 장치다.

그 이외에도 린데 부인이 크로그스타에게 남겨 두 사람의 새 출발에 고리가 되는 편지와 톨발이 크로그스타에게 보내는 해고통지서가 있다.

| 상징 |

추상적인 관념이나 개념을 표현하기 위해 사용하는 사물, 기호, 인물, 색, 등.

크리스마스 트리

분위기를 고조시키며 아름답고 집 안에 매력을 더해 주는 장식품이자 장난감 같은 노라의 위치를 상징한다.

노라와 크리스마스 트리 사이에는 여러 유사점이 있다. 노라가 보모에게 트리가 제대로 꾸며지기 전까지는 아이들에게 보여줄 수 없다고 말하는 장면은, 톨발에게 드레스 입은 모습을 가장무도회 날 저녁까지는 보여주지 않겠다고 말하는 장면과 병치된다. 노라의 심리상태가 허물어지기 시작했던 직후에 막이 오르는 제2막에서는 크리스마스 트리도 장식물들이 떨어져나간 난잡한 모습을 하고 있다.

새해 첫날

연극의 배경은 크리스마스 때로 정해져 있고, 노라와 톨발은 새해가 되면 행복한 나날들의 시작이라며 학수고대하고 있다. 새해에 새로운 일자리를 갖게 될 톨발은 그 일이 가져다줄 사회적 손성과 근돈에 고무되어 있다. 노라도 빚을 모두 갚을 수 있다는 희망 속에서 남편의 새로운 일에 커다란 기대를 걸고 있다. 그러나 극의 끝부분에서 새해가 두 사람에게 의미하는 새 출발의 본질은 엄청나게 변하고 만다. 각자 새사람이 되어 극단적으로 변한 삶의 방식과 대면하지 않으면 안 되는 것이다. 따라서 새해는 그들의 삶과 인격에 진정 새롭고 색다른 시기의 막이 오르는 시발점이 된다.

Act별 정리 노트

Act I (1)
시작부터 하녀가 랭크 박사와 린데 부인의 방문을 고할 때까지

크리스마스 이브. 선물상자들을 한 아름 안고 집으로 들어온 노라 헬멜은 짐꾼에게 삯을 두 배나 후하게 지불하고는 살금살금 남편의 서재로 다가가 귀를 기울인다.

안에서 '우리 집 종달새', '우리 집 다람쥐'라고 부르며 아내의 귀가를 맞이하던 톨발 헬멜은 노라가 무엇을 샀는지 보라고 재촉하자 마지못해 얼굴을 내밀고는 낭비가 심하다며 잔소리를 늘어놓는다.

노라는 새해에는 남편이 좋은 자리에 앉게 되어 큰돈이 들어올 테니 올해는 조금 여유롭게 지내도록 해달라고 조른다. 큰돈이 생기려면 석 달은 더 기다려야 한다고 응수한 톨발은 '빌려 쓰면 되지 않느냐'는 노라의 말에 혹시라도 자기가 죽게 되어 못 갚으면 어쩌겠냐면서, "빚과 대출이 있는 가정은 자유롭지 못하기 때문에 행복하지 못하다"

며 조금만 더 참자고 달랜다. 노라는 '당신 좋을 대로 하라'며 수그러든다.

톨발이 토라진 노라에게 얼마간의 지폐를 건넨다. 노라는 이내 화색이 돌고 고마워하면서 아이들과 하녀들을 위해 구입한 선물들을 보여준다. 톨발이 "당신 자신을 위해서는 무엇을 샀느냐"며 '비싸지 않으면서 가장 갖고 싶은 것'을 말해 보라고 채근하자, '필요한 게 없다'면서도 직접 살 테니 '내키는 만큼' 돈을 달라고 청한다.

'귀여운 새'가 터무니없이 많은 돈을 먹어버린다며 묘하게도 장인처럼 '돈을 손에 넣는 순간 손가락 사이로 흘려보낸다'고 잔소리하던 톨발은 그래도 지금 모습이 '가장 좋다'고 말하다가 시내에서 단것을 먹느라 바쁘지 않았느냐고 넌지시 묻는다. 노라가 '당신이 좋아하지 않는 일은 절대 하지 않는다'면서 강하게 부정하자, 농담이었다며 슬그머니 넘어간다.

부부는 새해에는 훌륭한 직장과 안정적인 수입이 있다는 사실에 한껏 고무되고, 톨발은 작년 크리스마스 때, 노라가 3주간이나 매일 밤 방에 틀어박혀 크리스마스 트리 장식을 만들었던 일을 회상하면서 이젠 가난뱅이 시절은 끝났다며 흐뭇해한다.

초인종이 울리고, 하녀 헬렌이 랭크 박사와 또 다른 여자 손님의 방문을 알린다.

〈인형의 집〉이 시작되자마자 펼쳐진 노라와 짐꾼 사이의 계산행위는 성별, 사회적 위치, 도덕적 기준들 사이에서 벌어지는 갈등의 원동력 가운데 하나인 '돈'에 관객의 이목을 집중시킨다. 노라는 짐꾼에게 50외레만 지불하면 되지만 크리스마스 분위기와 새해에 들어올 남편의 월급에 들뜬 나머지 그 두 배를 건넨다. 이처럼 실제로 돈이 들어오기도 전에 가족들 선물을 구입하고 기분을 내는 노라와 달리, 돈에 대해 현실적 시각을 지닌 톨발은 장난스럽게 노라를 과소비자라고 놀리며 금전 문제에 관해서는 어리석기 그지없다고 말한다.

노라가 빚이나 낭비 등을 대수롭지 않게 여기는 태도는 여자(노라, 오, 나의 노라, 당신도 천생 여자로구려.)이기 때문이란 톨발의 단언은 성역할에 대한 편견을 단적으로 드러낸다. 아내의 역할이란 가정을 올바로 관리하고 격에 어울리는 행동과 우아한 외모를 통해 집을 아름답게 꾸미는 일이라고 믿고, 그에게는 자신의 사회적 지위와 체면에 걸맞은 외양들이 매우 중요하며 아내는 그저 가정과 자신의 평판을 멋스럽게 꾸미는 일에 보탬이 되는 장식이나 기념품 정도로 여긴다는 것을 보여준다.

톨발은 노라를 귀엽고 사랑스러운 별명들로 부르면서

무력감과 의존성을 일깨워주고, 이름은 오직 나무랄 때만 사용한다. 아내를 반기거나 사랑스러워할 때는 '나의 귀여운 종달새'나 '나의 다람쥐' 같은 유치한 명명 체계를 통해 자신의 힘을 과시할 뿐만 아니라 어느 정도는 아내를 비인간화시키기도 하는 것.

노라를 '돈을 낭비하기 좋아하는 작은 새들'과 비교하는 것은 남자들처럼 경제 문제를 해결해낼 능력이 없다는 암시다. 이렇듯 아내를 무시하면서도 '귀여운 종달새가 날개를 움츠리면 안 된다'면서 돈을 건네는 모습은 아내의 기분을 조종하며 즐기는 듯한 인상을 준다. 노라는 마치 톨발의 인형 같다. 그의 집을 꾸며주고 감정조차 그에게 좌우되면서 즐거움도 주기 때문이다.

노라는 톨발에게 아이 같은 존재이기도 하다. 죽은 장인과 겨루면서 아내가 자신에게 비위를 맞추고 의존하게 만들며 세상살이에 대해 충고하는 등, 어떤 의미에서는 두 번째 아버지 역할을 하고 있는 것이다. 노라가 아이들 선물로 구입한 말과 칼, 그리고 인형은 남편이 각인시킨 전형적인 성역할을 조장한다는 증표다. 자신이 그동안 다루어졌던 방식과 똑같이 딸을 인형으로 간주하는 것.

Act I (2)
노라와 린데 부인의 대화부터 린데 부인의
일자리를 알아보겠다고 약속하는 부분까지

여자 손님이 방으로 안내되자 노라는 누구인지 모르는
듯 머뭇거리며 인사를 건네다가 린데 부인인 것을 알아보
고는 '많이 변했다'며 깜짝 놀란다. 린데 부인은 10년은 긴
세월이라며 오늘 증기선을 타고 왔다고 답한다. 노라는 예
전보다 창백하고 여윈 것 같다면서 과부가 된 것은 3년 전
신문을 읽고 알았지만 매번 사정이 생겨 편지를 쓰지 못했
다며 유산과 자녀들에 관해 묻는다. 린데 부인이 유산은 물
론, '슬픔과 걱정의 씨앗조차' 없다고 답하자, 노라는 믿지
못하겠다는 듯 '나는' 아이가 셋이라면서 지난 이야기를 모
두 들려달라고 재촉하다가 '우리 가족에게 아주 행복한 일
이 일어났다'며 새해에 있을 남편의 새 일자리와 '굉장한
수입'에 대해 자랑을 늘어놓는다.

린데 부인은 '필요한 만큼의' 수입이 있다는 것은 분

명히 좋은 일이라며 맞장구를 친다. 노라는 '필요한 만큼이 아니라 굉장히 큰돈'이라고 바로잡고, 남편은 여전히 '나를 철부지'라고 부르지만 그동안에 낭비는 생각도 못할 만큼 살림이 어려웠고 한때는 바느질과 뜨개질 등으로 돈벌이를 했다고 하소연한다. 게다가 남편도 관청을 그만둔 뒤 이른 아침부터 밤늦게까지 닥치는 대로 일하다가 중병에 걸려 의사로부터 요양이 필요하다는 말을 듣고 어렵사리 이탈리 아 여행을 다녀온 덕분에 목숨을 건진 것이라면서 필요한 경비 4,800크로나는 아버지께 받았노라고 덧붙인다.

그 무렵 아버지께서 돌아가신 것 같다는 린데 부인의 말에 노라는 '그렇다'면서 중환자였던 남편 때문에 아버지 를 간병해 드리지 못한 때가 결혼 이후 가장 괴로웠으나 어 쨌든 한 달 후에 이탈리아로 떠날 수 있었다고 말한다. 톨 발의 건강이 완전히 회복되었느냐는 물음에는 '물에서 갓 건져 올린 생선처럼 싱싱하다'고 답하고, 가족 모두 건강하 며 기적처럼 행복한 생활을 이어가고 있다고 만족을 표하 다가 '내 이야기만' 늘어놓아 미안하다며 린데 부인이 '사 랑하지 않았다'는 남편에 대해 묻는다.

린데 부인은 병든 어머니와 두 남동생을 보살펴야 하 는 가난한 처지에 '돈이 좀 있다고 믿은 사람'의 구혼을 거 절할 수 없어 결혼했으나 남편이 세상을 떠나자 사업도 산 산조각 나고 아무것도 남지 않았다면서, 지난 3년 동안 한 번도 쉬지 않고 장사도 해보고 조그만 학교도 운영해 보았지만 이젠 그것마저 끝났다며 아쉬워한다. 어머니께서 돌아가시고 두 동생도 직장을 얻어 독립하게 되었기 때문이라는 것.

"이젠 마음이 아주 홀가분하겠다"는 노라의 말에 너무 허전하고 사는 보람이 없어져 정신없이 일하는 동안 근심 걱정을 떨쳐버릴 수 있는 일자리를 찾아 이곳으로 오게 되었다고 털어놓는다.

차라리 휴양지에 가서 지친 몸을 쉬는 편이 낫겠다는 노라의 충고에 린데 부인은 "내게는 여비를 주실 아버지가 없다"며 발끈했다가 상황이 나빠지자 마음도 비뚤어지고 이기적으로 변했다고 사과하고, "당신에게 좋은 일이 생겼다는 소식을 접하고 당신보다도 나 자신을 위해 더 기뻤다"고 고백한다.

노라는 남편이 도와줄 것이라며 자기에게 맡겨두라고 힘주어 말한다.

노라와 린데 부인 사이의 첫 대화는 자기중심적이고 타인의 처지에 무감각한 노라의 성격을 드러내는 기능을 한다. 린데 부인의 이야기에 관심을 기울이지 않고 계속 톨발과 자신의 삶으로 화제를 돌리는 이기적인 성향은 린데 부인의 남편이 죽었을 때 일이 생겨 위로 편지를 쓰지 못했다는 변명에서 더욱 두드러진다. 3년이 지난 이제서야 애도를 표하는 행동은 예의상 잠시 공손한 반응을 보이는 것에 불과하고 지금까지는 자신 이외에 다른 사람을 생각하려는 노력조차 없었다는 면을 엿볼 수 있다.

그리고 마치 성급한 아이처럼 어떤 말이 적당하고 부적당한지도 아랑곳하지 않은 채 마음속에 떠오르는 대로 눈치 없이 마구 표현하는 성향은 린데 부인에게 대놓고 예전에 비해 '여윈 것' 같고 '조금 늙었다'고 평하는 모습에서 그대로 나타난다. 더군다나 린데 부인이 가난하고 힘들게 살고 있다는 사실을 알면서도 새해에 들어올 '엄청난 수입'에 대해 아무렇지도 않게 자랑하며 희희낙락하는 태도는 오랜 친구의 마음을 아프게 할 수도 있다는 사실을 전혀 깨닫지 못하는 배려심의 결여를 드러낸다.

구조적인 관점에서는 주인공으로서의 노라는 극이 진행됨에 따라 발전하는 모습을 보여야 한다. 첫 대화에서 드러나듯 세상을 아이처럼 이해하고 있는 그녀의 모습을 통해 발전은 교육, 순진함의 탈피, 성숙함에 초점이 맞춰질 것이란 점을 알 수 있다.

노라가 사랑과 결혼에 대해 낭만적인 개념을 갖고 있다면, 린데 부인은 남편의 죽음 이후에 '슬픔과 걱정의 씨앗조차' 남지 않은 경험 때문에 결혼을 좀더 현실적으로 이해하고 있다.

친구의 말을 쉽게 믿으려 들지 않는 노라의 태도는 순진하고 보호받는 존재란 사실을 가리킨다. 톨발이나 린데 부인과의 초기 대화를 통해 나타나는 노라의 반응은 아이 같은 본성과 그것으로부터 탈피해야 할 필요성 사이에서 표출되는 긴장감이다.

인형 같은 삶과는 전혀 다르게 살아온 린데 부인은 자아의 성숙함을 지향하는 노라의 여정에 선생님이자 길잡이 역할을 수행하는 듯하다.

린데 부인이 살면서 겪은 어려움과 희생은 남편이 받아주는 노라의 응석과는 커다란 차이가 있으나 동시에 두 사람의 결혼은 돈과 자기희생을 맞바꾼다는 점에서 어느 정도는 같다. 노라는 남편에게 장난감 같은 존재가 되어주면서 그 대가로 제공되는 보호와 안락함을 즐기고, 린데 부인은 병든 어머니와 두 동생을 부양하기 위해 사랑하지도 않는 남자와 결혼하는 것이다. 이처럼 두 여인은 개인적인 욕구, 야망, 존엄성을 희생시키지만, 노라는 자신의 행복을 위해 결혼하고, 린데 부인은 가족의 행복을 위해 결혼하는 점이 다르다.

입센은 이전의 희곡작가들과 달리 작품 속에 권세와 부를 지닌 거물들보다는 평범한 중산층 인물들을 등장시켰으며, 대화 부분도 수사적 화려함보다는 단순하고 평범한 언어로 전개되지만 이면에는 생각을 자극하는 미묘한 내용이 많다. 예를 들어, 린데 부인이 자식이 없다고 했을 때 곧바로 노라가 자신의 사랑스러운 세 자녀 얘기를 꺼낸 것을 보면 다른 사람의 아픈 부분에 냉담하고 무관심한 노라의 성향을 감지할 수 있다. 이처럼 작품 속의 대화가 아주 단순한 것 같으면서도 언외의 뜻을 가득 함축하고 있다는 사실은 동시대나 이전 시대의 희곡들과는 크게 다른 점이다.

Act I (3)

'노라는… 여전히 아이 같다'는 린데 부인의
나무람부터 랭크 박사, 톨발, 린데 부인의 퇴장까지

그래 언젠가는 말할지도 모르지. 지금으로부터 많은 세월이 흘러 내 미모가 조금 떨어졌을 때. 웃지 마. 내 말인즉슨, 당연히 언젠가는 나에 대한 톨발의 관심이 지금보다 줄어들고, 내가 그를 위해 춤을 추고, 그를 위해 예쁜 옷을 입고, 함께 놀아주더라도 행복을 느끼지 않는 날이 온다는 거야.

힘든 일을 겪어보지 않았기 때문에 '여전히 아이 같다'는 린데 부인의 말에 발끈한 노라는 부인은 어머니와 동생들을 위해 고생한 것이 자랑스럽겠지만 '나도 자랑할 만한 일'이 있다면서 '톨발의 목숨을 구한 사람이 나'이고 이탈리아로 여행을 떠나지 않았다면 남편은 건강을 회복하지 못했을 것이라고 응수한다. 그리고 비용은 아버지께 받은 것이 아니라 '나를 숭배하는 사람에게서 구할 수도 있는 것'이 아니냐며 말끝을 흐리자, 린데 부인은 남편의 승인 없이 돈을 빌리는 것은 위법이라며 경솔한 짓이었다고 주의를 환기시킨다.

노라는 남쪽으로 요양을 가야만 남편이 살아날 수 있다는 의사들 말을 듣고 '내가' 젊은 여인네들처럼 해외여행을 가고 싶다며 비용은 빌리자고 애원했지만 무분별한 아내의 응석을 받아주지 않는 것이 남편의 의무라며 거절했기 때문에 어쩔 수 없이 찾아낸 방법이라고 말한다. 아버지와는 말을 맞춰 톨발에게는 대출 사실을 비밀에 붙이려 했으나 그 무렵 아버지께서 돌아가셨기 때문에 그럴 필요가 없어졌으며, '남자의 자존심'에 상처를 주고 싶지 않았고 그 일 때문에 부부 사이와 행복한 가정이 잘못되는 것도 원치 않는다고 덧붙인다.

그 같은 사실을 굳이 비밀로 간직하는 일이 마뜩찮은 린데 부인이 앞으로도 절대 말하지 않을 것인지 묻자, 노라는 나이를 먹고 미모가 떨어져 남편이 지금처럼 '나를' 좋아하지 않게 되면 말할지도 모르겠다며 방긋 웃는다.

이어, 기한에 맞춰 변제를 해나가는 일이 보통 걱정거리가 아니었다는 노라는 남편이 주는 빤한 돈에서 빚을 갚으려면 '내게' 들어가는 비용을 절반 이상 줄이는 수밖에 없었고 부업도 했다면서, 작년 겨울에는 운이 좋아 원고를 정서하는 일이 많았기 때문에 크리스마스 몇 주 전부터 방에서 두문불출했으며, 종종 힘들 때는 돈 많은 늙은 신사가

‘나를 사랑하는 공상’에 빠지곤 했으나 새해에는 빚을 모두 갚고 자유롭게 현모양처로서의 책임을 다할 수 있을 것이라고 자랑한다.

초인종이 울린다. 하녀가 들어와 톨발을 만나고 싶다는 손님이 찾아왔다고 알린다. 이어 그 사내가 ‘크로그스타’라며 들어서자 노라는 긴장하는 기색이 역력하다. 린데 부인도 흠칫 놀라며 재빨리 몸을 돌린다. 다른 일은 없고 은행 업무 때문에 왔다는 사내의 말에 노라가 서재로 안내한다.

노라가 돌아와 변호사라고 일러주자, 린데 부인은 전에 살던 지방의 법률사무소에서 근무한 적이 있는 사람인데 ‘많이 변했다’고 대꾸하고, 그가 불행한 결혼생활을 했으며 자식이 많다는 노라의 말에는 홀아비에다 ‘해보지 않은 일이 없다더라’고 맞장구친다. 노라는 사업 이야기는 따분하다며 말을 끊는다.

크로그스타가 서재로 들어가고, 곧이어 ‘방해하고 싶지 않다’며 밖으로 나온 랭크 박사는 노라의 소개로 린데 부인과 인사를 나눈다. 랭크 박사가 부인의 이름을 여러 번 들었다면서 휴양차 왔느냐고 묻자, 린데 부인은 살기 위해 일자리를 구하러 왔다고 대답한다. 랭크 박사는 아무리 괴로워도 죽는 것보다는 견뎌내는 편이 훨씬 좋다면서 지금 헬멜의 방에 ‘일종의 도덕병 환자’가 있는데 속까지 썩었으면서도 살아야 한다는 말부터 하더라며 비아냥댄다.

잠시 생각에 잠겨 있던 노라가 웃음을 머금고 손뼉을 치며 이제부터는 모든 은행 직원들이 톨발의 부하가 되는 것이 아니냐면서 남편이 그토록 많은 사람들을 좌지우지할 힘을 가졌다는 사실이 '재미있다'는 의미심장한 말과 함께 랭크 박사에게 마카룬을 권하자, 톨발의 집에서는 그것을 먹지 못하게 되어 있지 않느냐며 놀란다.

린데 부인이 주었다고 둘러댄 노라는 남편이 '내게' 충치가 생길까봐 금하는 것이라며 박사의 입에 하나를 넣어주고 린데 부인에게도 권하면서, 지금 꼭 남편에게 한 마디 해주고픈 말이 있다고 덧붙인다. 랭크 박사가 '무엇이냐'고 묻자, 머뭇거리던 노라가 욕을 내뱉는다.

노라가 서재에서 나온 톨발에게 린데 부인을 소개하고 일자리를 부탁하자, 가능할 것 같다며 적시에 찾아왔다고 말하고는 자리를 뜬다. 랭크 박사가 그 뒤를 따라나서고, 린데 부인도 방을 구해야겠다며 함께 나간다.

자유야, 완전한 자유. 아이들과 놀면서 시간을 보내고, 톨발이 좋아하는 방식으로 깨끗하고 아름다운 집을 갖는 거지.

이 작품의 시작 부분에서 오가는 톨발과 노라의 대화

는 행복하고 숨길 것 없는 이상적인 부부 사이의 대화인 것 같지만, 제1막의 뒷부분을 보면 그 가정에는 비밀과 속임이 가득하다는 것을 알 수 있다. 가장 작은 속임의 예는 마카룬에 대한 거짓말이다. 마카룬을 먹는 것이 아주 사소한 문제로 보일 수 있기 때문에 그 거짓말은 별것 아니라고 주장할 수 있지만, 본질이 사소하기 때문에 오히려 더 심각해지는 것이라고 주장할 수도 있다. 사실, 톨발과 랭크 박사에게 하찮은 일로 거짓말을 해야 한다는 것은 노라가 느끼는 죄책감과 더불어 부부관계에서 존재하는 긴장감의 깊이를 여실히 보여준다.

톨발의 목숨을 구하기 위해 노라가 몰래 돈을 빌린 일은 마카룬에 대한 거짓말에 비하면 훨씬 심각하고 범죄로까지 이어지지만, 고결하고 사심이 없었기 때문에 우리는 얼마든지 이해하고 용서할 수 있다.

공교롭게도 두 경우 모두는 톨발이 지닌 성차별 의식 때문에 어쩔 수 없이 거짓말을 하게 된 것인데, 만약 톨발이 아내의 도움을 당당하게 받아들이고 매순간 아내를 자기 뜻대로 다루려 하지 않았더라면 굳이 부부 사이에 거짓말이 끼어들 여지는 없었을 것이다. 그리고 빚을 갚기 위해 돈을 벌면서 현기증이 생길 정도로 힘들었지만 마치 남자가 된 것 같은 기분이 들어 아주 재미있었다는 노라의 말은 언제든 마음만 먹으면 판에 박힌 성역할에서 벗어날 수 있다는 암시다.

　노라가 린데 부인의 일자리를 부탁하자, 톨발이 곧바로 과부라고 추측하는 것은 올바른 기혼여성이라면 집밖에서 일을 하지 않는다는 선입관의 발로다. 집을 나서다가 귀가하는 아이들을 만나자 린데 부인에게 "여기는 어머니 이외에 다른 사람들이 있으면 안 된다"며 일하는 여성은 아이의 교육에 보탬이 되지 않는다는 속내를 넌지시 내비치고, 집에는 자신의 여성관에 딱 들어맞는 현모양처 노라가 있다는 사실에 내심 만족하는 모습이다.

　노라가 린데 부인에게 비밀을 털어놓은 이후부터 여성다움에 관한 두 사람의 생각이 서서히 하나가 되기 시작한다. 우리는 노라의 고결한 행위를 알게 된 이후부터 그녀의 인품에 깊이가 있고 이전에 생각했던 것보다 더 성숙하며 결단력도 뛰어나다는 사실을 깨닫게 된다. 입센은 린데 부인이 노라에게 재봉일 정도는 아무것도 아니라거나 남편 몰래 돈을 빌린 일은 경솔했다는 등의 가시 돋친 말을 하는 것이 질투심이나 짜증, 아니면 걱정 때문인지를 명백하게 드러내지 않았다. 마찬가지로 노라의 방어적인 응수도 기분이 상했거나 경쟁심 또는 그저 비밀을 밝히고 싶어 안달이라는 의미일 수 있다. 그러나 노라와 린데 부인이 사랑하는 사람들을 위한 자기희생을 자랑스럽게 여긴다는 점은 분명하며, 비슷한 경험으로 인해 경제적인 현실과 조건들이 전혀 다름에도 불구하고 동화되면서 우정의 기반을 다져나갈 수 있는 톨것이다.

Act I (4)
노라의 아이들 등장부터 제1막의 끝까지

　　보모 안나 마리아와 노라의 세 자녀가 방으로 들어온다. 노라와 아이들이 즐겁게 숨바꼭질 놀이를 한다. 문을 두드리는 소리가 나지만 아무도 듣지 못한다. 문이 열리고 크로그스타가 들어와 한동안 놀고 있는 모습을 지켜보다가 '헬멜 부인'을 부른다. 깜작 놀란 노라가 톨발은 집에 없다고 말하자, '알고 있다'며 노라와 이야기를 나누러 온 것이라면서 '바깥양반'과 함께 걸어가던 여인이 린데 부인이 아니냐고 묻는다. 노라가 '그렇다'고 대답한다. 크로그스타는 한때 알던 사이였다며, 그녀가 은행에서 일할 것인지 묻는다. 노라는 마치 자랑이라도 하듯 그 결정을 하게 만든 장본인이 '나'라며, 따라서 부하의 입장에서는 누구의 비위를 맞춰야 할지 분명히 알 것이라고 은근히 뻐긴다.

　　크로그스타는 '저'를 위해서도 그 영향력을 발휘해 달라며, '바깥양반의 부하 자리를 계속 유지할 수 있도록 도

와달라'고 부탁한다. 노라는 그런 일에 대해서는 남편에게
전혀 영향력이 없다며 당황하자, 크로그스타는 "제가 학창
시절부터 알고 있는 바깥양반도 결혼한 모든 남자들처럼…
고집불통일 수 없다"고 비아냥댄다.

노라는 남편을 멸시하는 말을 하려거든 나가라고 나무
라고는 이제 '당신 따윈 무섭지 않다'면서 새해에는 빚을
모두 갚겠다고 힘주어 말한다. 크로그스타는 단순히 돈 때
문만은 아니라면서 다른 문제가 있다고 실토한다. 수년 전
에 큰 말썽을 일으켜 앞길이 모두 막혔으며, 아들들을 위해
존경받는 사람이 되어야 하는데 그 첫 단계가 은행 일자리
란 것이다.

노라가 도울 힘이 없다고 말하자, 크로그스타는 도울
마음이 없는 것이라며 '제게는 당신이 저를 돕게 만들 만한
힘'이 있다고 은근히 협박한다.

노라는 고자질은 철면피한 짓이라며 '당신에게 돈을
빌렸다는 사실'이 치사하고 더러운 방식으로 밝혀지게 되
어 몹시 불쾌하다면서, 남편은 성격상 나머지 빚을 갚고 '당
신을' 은행에서 쫓아낼 것이라고 덧붙인다. 크로그스타는
노라가 걱정해야 할 일은 따로 있다면서 차용증에 아버지
의 서명을 위조했다는 사실을 알아냈으며 위조는 심각한
범죄라고 지적하고, '저의 명성'을 단번에 무너뜨린 죄도 '당
신이 저지른 것과 같은 일' 때문이며 "법은 동기를 묻지 않

는다.”고 압박한다.

　노라는 죽어가는 아버지의 걱정을 덜어드릴 딸의 권리와 남편의 목숨을 구할 아내의 권리가 있고 의도가 고결했기 때문에 틀림없이 용서한다는 법 규정이 어딘가에 존재할 것이라며 물러서지 않자, 크로그스타는 만약 은행에서 쫓겨난다면 노라를 ‘길동무 삼겠다’는 협박을 남기고 자리를 뜬다. 당황스럽고 심란한 노라는 놀아달라는 아이들을 밖으로 내보내고, 크리스마스 트리를 장식하기 시작한다.

　귀가한 톨발이 누가 다녀갔느냐고 묻자, 노라가 ‘아니다’고 대답한다. 톨발은 크로그스타가 대문 밖으로 나가는 것을 보았다며, ‘녀석이 자기를 위해 내게 부탁 좀 해달라고 간청하러 온 것’이 분명하다고 넘겨짚는다. 잠시 머뭇거리던 노라가 ‘그렇다’고 시인하자, 톨발은 ‘귀여운 종달새’는 거짓말을 해서는 안 된다고 나무란다.

　노라는 가장무도회에서 입을 의상을 정해 달라고 부탁하는 한편, 크로그스타가 대체 무슨 잘못을 저질렀는지 묻는다. 서명 위조라고 대답한 톨발은 ‘나’는 누군가를 사소한 잘못 때문에 파멸시킬 만큼 무자비한 사람이 아니지만 ‘그 작자는’ 죄를 인정하고 벌을 받으려 하지 않았다는 점이 문제이고, “거의 모든 어린 범죄자들에게는 거짓말쟁이 엄마가 있다”며 거짓말과 속임이 아이들을 망친다고 덧붙인다. 노라가 왜 엄마 탓만 하느냐고 발끈하자, 아버지도 같은 영향을 끼칠 수 있다고 물러서면서 앞으로 '그 작자' 일은 거론하지 않겠다는 약속을 받아내고는 서류를 검토해야겠다며 자리를 뜬다.

보모가 아이들이 엄마에게 와도 좋은지 묻는다는 말을 전한다. '데려오지 말라'며 보모를 돌려보낸 노라는 얼굴이 파랗게 질린 채 아이들을 타락시키고 가정을 더럽힌다니 절대로 그럴 수는 없다고 다짐한다.

제1막이 끝나갈 무렵에는 노라가 두려움, 죄책감, 옳지 못한 행위 등의 새로운 문제들과 힘겹게 씨름하는 모습을 볼 수 있다. 노라와 크로그스타의 대화를 통해서는 이탈리아 여행자금의 출처가 드러나고, 노라는 위조 서명으로 돈을 빌린 행위는 위법이란 크로그스타의 협박에도 아랑곳없이 남편의 목숨을 구하기 위한 선택이었다는 점에 자긍심을 느끼는 한편, 린데 부인의 일자리 알선을 뻐기며 남편에게 영향력이 있다는 점도 자랑스러워한다.

"사람은 누구나 약간의 영향력은 갖고 있는 것 같다"는 노라의 발언은 자신을 유능하고 중요하게 생각하려는 욕구를 드러내며, 비록 자기가 여자이지만 은행의 정책에 대한 영향력을 무시하지 말라는 말은 성별에 기인하는 무시를 감지하고 두려워한다는 암시다. 어쩌면 노라는 마음 속에서조차 이런 생각과 싸우고 있을지 모른다.

노라는 톨발에게 어느 정도 영향력이 있지만 그 힘은 지극히 한정되어 있다. 역설적으로 크로그스타가 일자리를 유지할 수 있도록 도와달라고 부탁하자 노라는 그런 종류 의 영향력은 행사할 수 없다며 그 요청을 남편에 대한 모욕 이라고 간주한다. 크로그스타의 진술 속에는 남편이 모든 재정과 사업 문제를 책임져야 한다는 사회적 통념에 따르 지 못하고 아내에게 휘둘리고 있다는 의미가 담겨 있기 때 문이다. 톨발의 입장에서는 아내가 사업 문제에 관해서는 아주 무능하지만 '귀여운 다람쥐'를 행복하게 해주기 위해 린데 부인의 일자리를 찾아보기로 동의하는 것이다.

거짓말쟁이 엄마는 아이들을 망치고 범죄자로 만든다 는 발언을 통해서는 자녀교육은 어머니 몫이라고 믿는다는 것을 알 수 있는데, 아버지는 경제적인 문제에는 중요하지 만 아이들의 도덕적 발전에는 크게 영향을 미치지 않는다 는 당시의 편견을 반영하고 있다.

협박을 통해 일자리를 유지하고 신망을 얻으려는 크로 그스타의 자세는 내면적인 자아보다 겉모습의 교정에만 치 중한다는 느낌을 준다. 톨발도 지나치게 외관에 신경을 쓴 는데, 노라는 이 점을 간파하고 자신에게 유리한 방향으로 이용한다. 집과 아내의 아름다움에 엄청난 자부심을 느끼는 톨발이 멋진 옷을 차려입은 아내의 모습을 상상하면 마음이 풀릴 것이란 사실을 알고 무도회에서 입을 의상 이야기를 꺼내는 것.

"나는 그런 작자들 곁에 있으면 솔직히 구역질이 난다"는 톨발의 말은 크로그스타가 행한 부류의 도덕적 타락에 대한 혐오감을 보여준다. 톨발은 당연히 '사랑스럽고 귀여운 노라'는 결코 그 같은 짓을 할 리 없다고 생각하겠지만, 우리는 그녀가 똑같은 범죄를 저질렀다는 사실을 알고 있다. 따라서 '그런 작자들'이라는 경멸 속에는 무심코 노라도 포함시킨 것이 된다. 이처럼 톨발이 아무 생각 없이 사랑하는 여자를 비난하는 구조는 관객들에게 일부 등장인물들이 모르는 세부 사항들을 비밀스럽게 알려주는 문학적 장치다.

Act Ⅱ

노라와 유모의 대화부터 크로그스타를
만나러 갔던 린데 부인이 돌아올 때까지

뭔가 기적 같은 일이 생길 거야.

크리스마스. 크리스마스 트리 주변이 어수선하다. 초조하게 방 안을 서성대던 노라가 문을 열고 편지통을 쳐다본다. 텅 비어 있다. 유모가 옷상자를 들고 들어온다. 노라는 린데 부인을 불러 옷 수선을 부탁해야겠다고 말하고, 이제부터는 이전처럼 아이들과 함께 있어줄 수 없을 것 같다며 만약 '내가' 갑자기 멀리 떠나면 아이들이 곧 잊어버릴까, 라고 묻는 한편, "유모는 내게… 아주 좋은 어머니였다"고 덧붙인다.

유모가 나가자, 노라는 상자에서 옷을 꺼내 집어던진다. "집을 박차고 나갈 용기가 있다면 얼마나 좋을까!" 발자국 소리가 들리고, 린데 부인이 들어온다.

　　무도회 의상이 누더기가 되다시피 했다는 노라의 말에 곧 고칠 수 있다며 바느질을 시작한 린데 부인은 랭크 박사가 어제처럼 항상 우울한지 묻는다. 노라가 여느 때보다 더 심한 편이었으며 성생활이 난잡했던 아버지로부터 척추 결핵을 물려받은 '불쌍한 분'이라고 대답하자, 린데 부인은 랭크 박사가 돈을 빌려준 사람이라고 넘겨짚는다. 매일 우리 집을 찾는 친구라며 펄쩍 뛴 노라는 빌린 돈을 모두 갚으면 차용증을 돌려받을 수 있는지 묻는다. '그렇다'고 답한 린데 부인이 무언가를 감추고 있는 것 같다며 밝히라고 재촉하는데 톨발이 돌아오는 소리가 들린다. 노라는 톨발이 바느질하는 광경을 싫어한다며 린데 부인을 다른 방으로 보낸다.

　　노라는 크로그스타가 은행에서 계속 일할 수 있도록 해달라고 부탁한다. 톨발은 '그 작자'의 자리가 린데 부인에게 갔다면서, 그의 경질 사실을 모르는 직원이 없기 때문에 자칫 아내에게 휘둘려 결심을 바꿨다는 소문이라도 돌면 '나는' 웃음거리가 될 것이 분명하고 그밖에도 '녀석이 나와 동창인 사실'을 빌미로 공공연히 무례하게 구는 것을 참을 수 없다고 덧붙인다.

　　노라가 말도 안 되는 '쩨쩨한 이유'라고 비난하자, 화를 내며 크로그스타의 해고통지서를 찾아 하녀에게 건넨다. 우리 가족 모두를 위해 하녀를 다시 부르라는 노라의 간청에도 아랑곳없이 톨발은 '너절한 변호사 따위의 복수'는 두렵지 않다며 둘이서 함께 어려움을 감당하자는 말을 남긴 채 서재로 들어간다.

랭크 박사가 찾아온다. 노라가 언제든 친구가 되어줄 시간이 있다며 반기자, 박사는 오래 전부터 각오했던 일이지만 죽음이 너무 빨리 찾아왔다고 하소연한다. 노라는 자기가 아니라 박사의 이야기인 점에 안도한다.

박사는 '이제 한 달 후면 무덤 속에 누워 썩고 있을 것'이라면서 더러운 것과 마주치기 싫어하는 톨발이 '내' 병실에 들어오지 못하도록 해달라고 간청하고, 마지막이 가까워지면 명함에 검은 십자가를 표기해 알리겠다고 덧붙인다. 노라는 '저승사자가 가까이 와 있는' 박사에게 오늘만은 밝은 모습을 보여달라고 보챈다.

새 스타킹을 보여주며 이런저런 대화를 나누던 노라는 '큰 은혜를 베풀어주셔야 할' 일이 있다고 말하다가 '당신을 위해서라면 목숨이라도 바칠 수 있다'는 박사의 사랑 고백에 부탁하려던 생각을 접는다.

박사가 이젠 영영 작별인사를 고해야 하는 것인지 묻자, 박사를 보면 기분이 좋아진다는 노라는 '사랑하는 사람이 있는가 하면 함께 있으면 좋은 사람이 있는 법'이라고 답하고, 어렸을 때 아버지를 가장 사랑했지만 언제나 재미난 이야기만 오갔던 하녀들 방에 몰래 들어가는 것이 좋았다는

 인형의 집

일화를 들려주면서 남편과 함께 있으면 마치 아버지와 있는 것 같다고 털어놓는다.

하녀가 들어와 명함을 건네며 손님의 방문을 알린다. 노라는 박사를 서재로 안내하면서 톨발이 나오지 못하도록 해달라고 부탁하고 밖에서 서재 문을 잠근다.

방으로 들어온 크로그스타는 '저의 해고 사실을 알고 계실 것'이라며 '저 같은 위인'에게도 친절한 마음은 조금 있으니 소송은 제기하지 않고 문제는 '우리 세 사람 사이'에서 해결하자고 제안한다. 노라는 차용증에 대해서는 남편이 알아서는 절대 안 된다며 만약 숨길 수만 있다면 자살이라도 불사하겠다고 말한다. 크로그스타는 어리석은 짓이라며 편지도 있다고 은근히 협박한다.

노라가 남편에게 요구할 금액을 알려주면 그 돈을 마련하겠다고 간청하지만, 크로그스타는 돈이 아니라 출세를 원한다면서 거절할 용기가 없는 톨발이 이전보다 높은 자리를 마련해 주면 1년 이내에 그의 오른팔이 되어 은행을 움직이는 사람이 될 것이라고 장담하고 어리석은 짓은 그만두라며 편지를 우편함에 넣고 떠난다.

노라는 옷을 전부 고쳤다며 가져온 린데 부인에게 크로그스타가 편지를 남겨두고 갔다고 속삭인다. 노라 부부에게는 아주 잘된 일이라는 린데 부인의 위로에 차용증 위조 사실을 고백한 노라는 '내가' 미치거나 사라지더라도 위조 책임은 전적으로 '내게' 있다고 증언하겠다는 약속을 부인으로부터 받아내고는 '뭔가 기적 같은 일이 일어날 것'이라고 덧붙인다. 린데 부인은 크로그스타가 '한때 나를 위해서라면 무슨 짓이든 했던 시절이 있었다'면서 편지를 찾아가도록 할 테니 시간을 끌어보라며 자리를 뜬다.

서재에서 나온 톨발이 우편함으로 향하자 노라는 연주도 하고 춤도 지도해 달라며 주의를 돌려놓고 격렬하게 춤을 춘다. 린데 부인이 돌아온다. 춤이 엉망이라는 톨발의 지적에 노라는 오늘과 내일은 하루 종일 우편함을 열지 말고 '오직 제 생각만' 하며 끝까지 잘 가르쳐달라고 간청한다. 톨발은 '당신 얼굴을 보면 녀석의 편지가 와 있다는 사실을 알 수 있다'면서도 내일 춤이 끝난 뒤에 읽겠다고 물러선다. 톨발과 랭크 박사가 식당으로 들어간다.

크로그스타가 시골에 갔으며 내일 저녁에나 돌아온다길래 편지를 써놓고 왔다는 린데 부인의 말에 노라는 기적을 기다리고 있으니 기쁘다며 먼저 식당으로 가라고 권한다. 잠시 우두커니 서 있던 노라는 시계를 쳐다보며 31시간 후면 타란텔라 춤이 끝난다면서 목숨이 31시간 남아 있는 셈이라고 중얼거린다.

톨발은 바느질하는 광경을 싫어한다는 노라의 말에서 톨발이 일을 하지 않아도 되는 전시물 같은 태평스럽고 아름다운 아내의 모습을 좋아한다는 사실을 알 수 있다. 톨발은 집을 '행복하고 환영받는' 곳으로 보여주기를 좋아한다. 노라도 '아버지의 딸'이기 때문에 가정을 행복해 보이도록 만드는 일에 능하다는 린데 부인의 말은 아버지도 톨발과 유사하게 노라를 가정에 온당한 외관을 부여하는 수단으로 여겼다는 암시다.

가정 안에서의 아내 역할에 대한 톨발의 집착과 견해는 그의 성격적 특성을 단적으로 보여준다. 노라를 인형 대하듯 아무렇게나 다루는 모습은 그가 더 이상 발전하거나 성장할 수 없다는 것을 암시한다. 노라는 사람들과 주변의 일들을 이해하면서 더불어 성장해 가는 반면, 톨발은 정지되어 있는 것이다.

희곡 속에서는 톨발만 혼자 속이 빤한 행동을 계속 믿는데, 어쩌면 비밀이나 자신만의 복잡한 속내를 숨기고 있지 잃은 유일한 수인공이기 때문인지 모른다. 다른 인물들—노라, 린데 부인, 크로그스타, 랭크 박사—은 각각 비밀을 간직하고, 진정한 사랑을 숨겼거나 어떤 이유로든 모종의 일을 꾸민 적이 있었던 것.

노라가 남편의 협조를 얻어내기 위해 동물 이름을 이용하는 행동은 하나의 전략이다. '귀여운 새', '다람쥐', '종달새'로 불리면서 남편이 바라는 기준에 순응하면, 더욱 기꺼이 원하는 요구사항들을 들어준다는 점을 알고 있는 것.

랭크 박사에 대한 노라의 반응도 일종의 비슷한 책략인데, 스타킹을 보여주며 시시덕거리는 장면은 이미 박사가 자기에게 호감 이상의 감정을 지니고 있다는 사실을 감지하고 그동안 은근히 즐겨왔다는 느낌을 주며, 그 같은 감정을 이용해서 슬쩍 도움을 요청하려는 의도였으나 황당하게도 사랑을 고백하자 부탁하려던 마음을 접는 것은 정직함을 내적으로 발전시켜 가고 있다는 암시다. 그의 도움이 절실하지만 그 사랑을 악용하게 될지도 모른다는 점을 깨닫게 된 것이다.

노라가 랭크 박사의 치명적인 병이 아버지의 문란한 성생활 때문이란 점을 설명하는 대목은 부모의 도덕적 타락이 자녀에게 끔찍한 결과를 초래할 수 있다는 또 다른 경고다. 이 언급은 "거의 모든 어린 범죄자들에게는 거짓말쟁이 엄마가 있다"는 톨발의 주장(제1막)과 함께 노라가 범죄자 같다는 느낌이 들었을 때 아이들과 만나지 않기로 작정하는 고통을 설명해 주고, 부모가 자녀에게 엄청난 영향을 미친다는 사실을 톨발 부부가 진지하게 믿는다는 점도 보여준다.

아이들은 무대에 거의 등장하지 않지만, 아이들의 장래와 부모의 책임을 놓고 나누는 두 사람의 대화를 통해 그

중요성을 갖는다.

　제2막에서 노라는 점점 결혼생활의 진정한 실체를 알아가고 있다는 조짐을 보인다. 결혼생활과 혼전 시절을 비교하면서 톨발에 대한 사랑의 깊이에 점차 의구심을 갖게 되는 것. 비록 지금의 결혼생활이 부부의 삶이 지녀야 할 모습에 대한 사회적 기대를 충족시키기는 해도 이상적인 삶과는 거리가 멀다는 사실을 깨닫기 시작하는 것이다.

Act Ⅲ (1)
시작부터 크로그스타의 두 번째 편지가 전달될 때까지

린데 부인이 긴장한 모습으로 노라의 집에서 크로그스타를 기다린다. 발자국 소리가 들리고, 린데 부인의 편지를 보았다며 크로그스타가 들어선다. 두 사람의 껄끄러운 대화를 통해 그들이 한때 연인 사이였으나 린데 부인이 돈 많은 남자와 결혼하면서 결별한 사실이 드러난다.

린데 부인은 어린 남동생들과 병든 어머니를 부양하기 위해 다른 사람과 결혼하지 않을 수 없었으나 크로그스타와 헤어져선 안 된다는 마음을 따르지 못했던 점을 후회한다고 술회하고, '저 자신을 위해' 일하는 것은 전혀 기쁘지 않기 때문에 이제는 크로그스타와 그의 아이들을 위해 일하며 살고 싶다고 고백한다. 크로그스타는 앞으로 '훌륭한 사람이 되겠다'면서 기쁨을 감추지 못한다.

잠시 위층에 귀를 기울이던 린데 부인은 톨발과 노라가 곧 내려올 것 같다며 '빨리 돌아가라'고 재촉한다. 크로그스타가 '톨발을 해칠' 짓을 했다며 되돌렸으면 좋겠다고 후회하자, 부인은 아직 편지가 우편함에 있다고 말한다. 린데 부인의 의도가 그저 노라를 구하기 위한 것이냐는 크로그스타의 물음에 부인은 "타인을 위해 한 번 자기를 팔아먹은 사람은 다시는 그런 짓을 하지 않는다"면서, 처음에는 그 편지를 돌려달라고 설득할 작정이었으나 톨발이 모든 비밀을 알아야 비로소 노라 부부가 서로를 완전히 이해할 수 있다는 생각이 들었기 때문에 그만두는 것이라고 대답한다. 춤이 끝나는 소리가 들린다. 린데 부인이 크로그스타에게 '얼른 가라'고 재촉하자, '밑에서 기다리겠다'며 자리를 뜬다.

린데 부인도 외투를 걸치고 나갈 채비를 한다. 문 앞에서 한 시간만 더 즐기자며 고집을 부리는 노라와 톨발이 실랑이를 한다. 린데 부인에게 인사를 건넨 톨발은 서재가 어둡다며 초를 찾으러 간다. 린데 부인이 크로그스타에 대해서는 걱정하지 않아도 된다며 남편에게 모든 것을 털어놓아야 한다고 충고하자, 노라는 그래야겠지만 절대 이야기하지 않겠다면서 "내가 무엇을 해야 할지 알고 있다"고 힘주어 말한다. 방으로 돌아온 톨발과 노라에게 작별인사를 건넨 린데 부인이 톨발의 배웅을 받으며 집을 나선다.

톨발은 단둘이 집에 있으니 좋다면서 아내가 너무 매력적이고 귀여워 못 견디겠다며 게슴츠레하게 쳐다본다.

노라는 그런 눈으로 보지 말라고 만류하지만, '내게는 나의 가장 귀중한 소유물'을 바라볼 자격이 있으며 무도회에서는 '비밀 약혼녀'이자 '어린 신부'라고 상상하면서 저녁 내내 '당신만' 원했다고 보챈다. 노라는 '혼자 있게 내버려두라'며 거부반응을 보인다.

문 두드리는 소리. 랭크 박사가 찾아온다. 톨발은 작은 소리로 투덜대며 친구를 맞이한다. 랭크 박사가 '뜻있는 하루를 보냈다'고 운을 떼자, 노라는 검사를 받았느냐며 결과가 좋았는지 묻는다. 랭크 박사는 '의사와 환자가 바랄 수 있는 완벽한 최종 결정'이 나왔기 때문에 하룻밤은 즐겁게 지내는 것이 당연하다고 답한다.

노라는 가장무도회가 박사의 마음에 들었던 것 같다면서, 다음번에는 '우리 두 사람'이 무엇으로 가장하면 좋겠느냐고 묻는다. 랭크 박사는 '당신은 행복의 천사'가 되어 평상복을 입으면 족하고 '나는 눈에 보이지 않는 사람이 될 것'이란 대답과 함께 이곳에 찾아온 목적을 깜빡 잊었다며 헬멜에게 '아바나산 엽연초' 하나를 얻어 입에 물고는 노라가 불을 붙여주자 고맙다는 말과 작별인사를 건네고 돌아간다.

톨발이 주머니에서 열쇠를 꺼내 우편함을 비우러 갔다가 열쇠구멍에서 부러진 머리핀을 발견하고 노라의 것이 아닌지 묻는다. 노라는 재빨리 아이들이 장난한 것 같다고 둘러댄다.

우편물 속에서 검은 십자가가 그려진 랭크 박사의 명함을 발견한 톨발이 '사망 예고' 같다며 불쾌한 내색을 보이자, 노라는 작별인사라고 설명한다. 톨발은 아쉬움을 표하면서도 그의 고통과 고독은 '우리의 행복'을 한층 돋보이게 하는 그림자였다며 그의 죽음은 '그 친구'와 단둘이 있게 된 '우리를' 위해서도 잘된 일이라고 말하고, 항상 목숨을 바쳐서라도 노라를 구해 줄 상황이 벌어지기를 바란다고 덧붙인다.

노라가 편지를 읽어보라고 단호하게 재촉해도 아내와 시간을 보내고 싶다며 듣지 않던 톨발은 죽어가는 친구를 생각하라는 말에 '죽음과 병에 대한 추악한 생각을 떨쳐버릴 때까지' 서로 멀리하는 것이 좋겠다면서 편지뭉치를 들고 서재로 들어간다.

톨발의 도미노를 걸치고 숄을 머리에 두른 노라가 마음속으로 남편과 아이들을 절대 만나지 않겠다며 작별인사를 던지고 집을 나기려는 순간, 편지를 읽고 격분한 톨발이 서재에서 뛰쳐나온다. 노라는 편지 내용이 모두 사실이고 '이 세상 그 무엇보다 당신을 사랑했기 때문'에 벌어진 일이었다면서 '나 대신 당신이' 책임을 짊어지지 말고 '나를' 가도록 내버려두라고 애원한다.

현관문을 잠근 톨발이 '값싼 연극은 집어치우라'면서

모든 것을 설명할 때까지 나가지 못한다고 다그치자, 노라는 '이제야 모든 것을 이해하겠다'며 얼굴표정이 굳어진다. 톨발은 기쁨이자 자랑거리였던 아내가 거짓말쟁이 위선자에다 범죄자라면서 아버지의 성격을 그대로 물려받은 무분별한 여자 때문에 '양심 없는' 크로그스타의 명령을 거절할 수 없는 처지가 되었다고 아내를 나무라면서도 세상 사람들에게는 아무렇지도 않게 보여야 한다며 노라가 집을 떠나는 것을 허락하지 않고 아이들도 더 이상 맡길 수 없다고 잘라 말한다.

이제부터 행복은 잊어. 이젠 남아 있는 것들, 파편들, 그리고 외양들을 지켜내는 일뿐이야.

노라는 이상하게도 마음이 차분해진다. 초인종이 울리고 잠시 후, 하녀가 '마님' 편지라며 가지고 오자 톨발이 가로채 읽지만, 노라는 개의치 않는다. 톨발은 편지와 동봉된 서류를 훑어보고는 '나는 살았다'며 기뻐 어쩔 줄을 모른다. "그럼 저는요?"라고 노라가 반문하자, '물론 우리 둘 다'라고 답하면서 크로그스타가 돌려보낸 차용증과 편지 두 통을 찢어 난로에 집어넣고는 모든 것을 악몽이라고 생각하고 마음속에서 떨쳐버리자고 말한다.

극의 대부분에서 톨발은 노라가 자기에게 의존하면 기쁨을 느끼면서도 그녀를 통제하는 것은 좋아하지 않는다는 사실을 알 수 있다. 톨발의 구속—예를 들면, 마카룬을 먹지 못하게 하는 것—에 대한 노라의 언급에 의하면, 톨발은 독재자보다는 잘 속아 넘어가는 사람에 더 가깝다.

제1막에서 선물을 사라며 돈을 주듯 아내를 너무 사랑하는 나머지 원하는 것이라면 무엇이든 들어주는 사람처럼 보이지만, 노라를 통제하며 얻는 즐거움은 다소 변태적인 성적 접근으로 인해 어두운 색조를 띤다. 가장무도회에서는 아내 노라의 모든 것이 아름다워 '힐끗힐끗 훔쳐보았다'며 남모르는 애인이라고 상상했다는 것. 톨발이 노라를 통제하는 것 같은 분위기는 무도회의 모든 것이 톨발의 계획—노라에게 자신이 선택한 의상을 입히고 자신이 원하는 식으로 타란텔라를 추도록 지도한 것—대로 진행되었다는 점에서두 잘 느낄 수 있다.

톨발이 성적 접근을 거부하는 노라를 이해하지 못하는 이유는 아내를 소유물로 생각하기 때문이다. 그가 이상적으로 생각하는 삶의 한 요소에 불과한 아내의 냉랭함과 거부는 당혹감보다는 의문을 품게 만든다. 그동안 노라의 도움으로 그가 창조했던 비현실적인 관계를 너무 오랫동안 믿

어왔기 때문에 노라가 삶에 불만을 느끼는 상황의 실체를 이해하지 못하는 것이다.

목숨 바쳐 노라를 구하겠다던 약속의 공허함은 그가 노라의 희생을 얼마나 하찮게 여기고 있는지를 여실히 보여준다. 노라는 톨발이 목숨을 바쳐서라도 그녀를 위험에서 구하겠는 말을 한 이후에는 자신의 곤경이 밝혀지면 측은하게 여길 것이라고 기대하지만 정작 그 기회가 주어지자 그녀를 위해 아무것도 희생하려 들지 않고 오로지 자기 자신과 겉모습에만 정신을 쏟는다.

결국, 아내가 남편의 생명을 구하기 위해 범죄를 저질렀음에도 불구하고 그 아내의 운명을 걱정하기보다 자신의 체면치레에만 급급한 이기심이 명백히 드러나는 것. 톨발이 노라의 범죄사실을 알고 허둥대는 것은 아내에게 벌어질 일보다는 그 범죄가 대중에게 알려졌을 때 훼손될 자신의 평판이 걱정스럽기 때문이다. 따라서 노라의 숭고한 의도와 희생을 이해하고 고마워하기는커녕 오히려 비난하며 가정의 불명예를 숨길 방도에 대해서만 생각하기 시작한다.

그가 크로그스타의 편지를 받고 '나는 살았다'라고 소리치는 모습은 자기만 걱정했다는 증거이며, 노라가 "그럼 저는요?"라고 묻자 비로소 '물론 우리 둘 다'라고 아무렇지도 않게 대답할 때 그녀의 안녕은 항상 뒷전이었다는 사실을 알 수 있다.

크로그스타의 편지에 대한 톨발의 이기적인 태도는 린데 부인이 염두에 두었듯이 노라에게 톨발과의 관계가 지닌 실체에 눈을 뜨게 해주었고, 앞으로 해야 할 일과 행동 방침을 재정리하는 계기가 된다.

자살 생각에서 벗어나 남편을 떠나겠다고 결심을 바꾸는 것은 독립심과 자아의식의 향상을 의미한다. 이전에는 마카룬을 먹지 않았다는 거짓말과 자신의 잘못을 감추기 위해 궁극적 자기희생인 자살을 고려하는 등, 이상적인 가족의 겉모습을 지키기 위해 톨발의 압력에 굴복하지만, 이제는 톨발의 폐쇄된 영역 밖에서도 홀로 당당하게 존재할 수 있다는 사실을 깨닫는 것.

Act Ⅲ (2)
톨발이 크로그스타의 편지를 태운 이후부터 끝까지

: 줄거리

당신과 아버지는 내게 아주 큰 잘못을 저질렀어요. 당신들 때문에 내가 내 삶에서 아무것도 이루지 못했거든요.

톨발은 이제 '끔찍한 일들'을 모두 마음속에서 몰아내자면서, '당신의 잘못'을 전부 용서했다며 모든 행동이 사랑에서 비롯되었다는 점을 처음으로 인정한다. 그리고 "행위의 결과가 수단을 정당화하지 못한다"는 점을 이해하지 못한 아내를 탓하지 않는다고 다독이며 '내게' 기대기만 하면 충고와 함께 올바른 길로 인도해 주겠다면서 여자답게 의지하면 할수록 더욱 사랑스러워 보인다고 덧붙인다.

노라는 무도회 복장을 평상복으로 갈아입는다. 톨발은 '나의 커다란 날개가 당신을 보호해 줄 것'이고, 용서했다는 말은 '남자인 내가 아내를 이중 소유하는 것'이며 오늘부터 노라는 아내이자 자식이 되는 것이라면서 언제든 솔직하게 마음을 털어놓으면 '당신의 의지와 양심이 되어주겠다'고 덧붙인다.

노라는 지금까지 한 번도 남편은 '나'를 이해한 적이 없고 '나도' 남편을 제대로 이해한 적이 없다면서, 결혼한 지 8년이 지났지만 이제야 처음이자 마지막으로 '마음속까지 털어놓고' 진지하게 이야기를 주고받게 되었다고 지적한다. 그리고 일생동안 '나 자신'보다는 '나의' 역할이 사랑받았다는 사실을 깨달았다면서, 아버지와 톨발에게는 단지 인형에 불과했으며 톨발의 인형의 집에서는 그저 광대노릇을 하며 밥이나 얻어먹은 '인형 부인'이라고 자조한다.

톨발은 수긍할 만한 부분도 있다며 앞으로는 처자식들을 인형 같은 존재가 아니라 교육의 대상으로 삼겠다고 말한다. 노라는 톨발은 자기를 '참다운 아내'로 가르칠 자격이 없고 자기도 '당신 말마따나' 아이들을 가르칠 자격이 없으며, 따라서 '나 자신'을 직접 가르쳐야 하기 때문에 떠나려는 것이라고 응수한다. 톨발은 제정신이 아니라며 막아서지만, 노라는 '나 자신'과 바깥세상을 알기 위해서는 혼자 힘으로 설 수 있어야 하기 때문에 이곳에서 살 수 없다고 재차 단언한다. 세상 사람들이 남편과 자식을 버렸다며 수군거릴 것이란 톨발의 압박에는 그런 것 따위는 개의치 않는다고 답한다.

톨발은 아내와 어머니로서의 '신성한 의무'를 내세워

보지만, 노라는 '나에 대한 의무'도 똑같이 신성하다고 응수한다. 그리고 이제는 현모양처로서의 역할이 가장 중요하다'는 톨발의 주장보다는 먼저 '내가' 하나의 인간이란 사실을 믿고 힘닿는 데까지 참된 인간이 되도록 노력하겠으며, 대다수 사람들이 말하거나 책에 씌어 있는 것에는 만족할 수 없고 '나 자신의 생각'을 통해 사물의 참뜻과 종교에 대해 알고 싶다면서, 지금은 '당신과 내 생각'이 다르다는 것과 법이 '내가' 생각하던 것과 딴판이란 점은 알고 있으나 실제로 어느 쪽이 옳은지 꼭 알아내겠다고 덧붙인다.

톨발이 그녀가 정신이상이 아니라면 자기를 사랑하지 않는 것이라고 목청을 높이자 '그렇다'고 대답한 노라는 편지를 읽고 대범하게 대처하지 않았을 때 깨달았다며 남편이 모든 책임을 떠안을 것이라고 확신했기 때문에 조금이라도 남편에게 해가 돌아가지 않도록 자살까지 생각했었다고 털어놓는다. 톨발이 "어떤 남자도 사랑하는 사람을 위해 명예를 희생할 수는 없다"고 말하자, 노라는 '수많은 여인들'은 그렇게 해왔다고 응수한다.

지난 8년간 '낯선 사내'와 살았고 그의 자식을 셋이나 낳았다는 사실이 참을 수 없다면서, '딴사람이 되겠다'는 애원과 남매 사이로 지내자는 제안마저 물리친 노라는 아이들을 '나보다' 나은 사람의 보호 하에 두고 떠난다는 말과 함께 집 열쇠를 돌려주고 결혼반지를 교환한 후에 짐은 다음날 아침 린데 부인이 가져갈 것이라고 덧붙인다.

편지를 보내도 괜찮냐는 물음에는 '낯선 사람'에게는 아무것도 받을 수 없다며 거부하고, 참된 결혼생활을 하려면 '뭔가 기적 같은 일'이 일어나야겠지만 두 사람이 동등하고 목숨이 하나 되는 관계가 될 만큼 완전히 변하는 기적은 이제 믿지 않는다면서 인사를 건네고 현관으로 나간다. 톨발이 얼굴을 감싸며 의자에 주저앉고, 이어 '쾅'하며 문 닫히는 소리가 들린다.

책임을 떠맡지 않으려는 톨발의 변명―"어떤 남자도 사랑하는 사람을 위해 명예를 희생할 수는 없다."―은 다시 한 번 성역할에 대한 편견의 심각성을 보여준다. '수많은 여인들'이 이미 그렇게 살아왔다는 노라의 응수는 린데 부인과 노라 모두 사랑하는 사람들을 위해 희생하며 살았다는 사실을 강조한다.

노라가 톨발이 책임질 것이라고 기대한 근거는 톨발도 자기처럼 배우자를 희생시키는 일은 받아들이지 않을 것이란 확신과 불법대출이 그를 위한 행위였기 때문이다.

노라가 지녔던 아이 같은 순진함과 톨발에 대한 믿음이 무너지면서 모든 환상도 깨져버렸다. 남편이 자신을 인

간이 아니라 단지 장난감 같은 아름다운 소유물로 여긴다
는 점, 그리고 아버지와 톨발은 자기를 사랑한 것이 아니라
자기와의 사랑놀이를 즐긴 것에 불과하다는 점을 깨달은
것이다. 두 남자 모두 노라를 한 인격체로서 마음을 쏟기보
다는 자신들이 즐거움을 얻고 사랑받으며 필요한 존재라는
느낌을 갖는 쪽에만 관심을 기울였다는 점을 인식하는 것
이다. 게다가 노라는 평생 아이 취급을 받으며 살아왔고 여
전히 철부지이기 때문에 아이를 기르거나 어떤 책임을 떠
맡으려면 철이 들어야 한다고 생각한다.

톨발이 떠나지 못하게 막자 노라가 보여주는 저항은
이제는 남편이 그녀의 행동을 지시하도록 내버려둘 의무가
없다는 직관의 반영이다. 즉 '나는' 남편으로부터 독립된
존재이고 '나의' 삶은 '내가' 주인이라는 것.

노라의 자각이 극치에 도달하는 시점은 자신에 대한
의무도 남편과 아이들에 대한 의무만큼이나 신성하다고 주
장할 때다. 이제 '나는' 아내와 엄마이기 이전에 한 인간이
며, '나는' 자신에게 나의 개성, 야망, 신념을 탐구해 주어야
할 부채가 있다는 점을 깨달았다는 것이다.

린데 부인이 개인적 욕구를 충족시키는 방식은 노라의
방식과 균형을 이룬다. 노라는 자기에게 진실하려면 반드
시 완전히 독립해야 한다며 가족을 떠나기로 결심하는 반면,
린데 부인은 자신에게 진실하고 따라서 만족하려면 진정으

로 사랑하는 남자를 보살펴야 한다고 결심한다. 이처럼 입센은 린데 부인을 통해 사회의 덫에 갇혀 살아간다고 느끼는 여성들에게 노라의 행동이 유일한 해결책은 아니란 점을 보여주려고 했다.

크로그스타와 그의 아이들을 보살피겠다는 린데 부인의 제안은 두 사람이 서로 사랑하기 때문에 그들에게 긍정적인 효과를 발휘할 것이고, 가족을 부양하기 위해 자기 삶을 희생했던 린데 부인은 드디어 자신이 선택한 사람과 살 수 있게 되었다. 한편, 노라는 아버지와 톨발의 뜻에 따르면서 지금껏 자신의 의지와 삶을 희생해 왔으나 이제 드디어 문을 세차게 닫고 '인형의 집'을 나서는 대담한 자기주장으로 희곡의 대미를 장식한다. 다시 말해, 노라는 자아를 찾기 위해 집을 뛰쳐나가는 반면, 린데 부인은 노라가 탈출하고자 하는 집을 지향한다. 결국 입센은 이 작품에서 독립적인 삶보다는 독립적인 의지를 가져야 한다고 암시하고 있다.

이 같은 결말은 작품이 초연된 이후 많은 논란을 불러일으켰다. 따라서 연출가에 따라 다양한 결말이 등장했다. 일례로 집을 나왔던 노라가 창문을 통해 다시 집으로 돌아가는 경우와 부부가 함께 집을 나와 파경 원인을 놓고 진지하게 대화를 나누는 경우 등이 연출되기도 했던 것.

다음은 주요 인용구 해설입니다.

1. 그래 언젠가는 말할지도 몰라. 지금으로부터 많은 세월이 흘러 내 미모가 조금 떨어졌을 때. 웃지 마. 내 말인즉슨, 당연히 언젠가는 나에 대한 톨발의 관심이 지금보다 줄어들고, 내가 그를 위해 춤을 추고, 그를 위해 예쁜 옷을 입고, 함께 놀아주더라도 행복을 느끼지 않는 날이 온다는 거야.

    — 제1막. 린데 부인이 노라에게 남편을 살리기 위해 빌린 돈에 대해 밝힐 것인지 묻자 돌아온 노라의 답변. 늙어 매력을 잃었을 때 말하겠다는 태도는 매우 중요하다. 노라가 이미 결혼생활의 성격을 알고 있었다는 의미가 되기 때문이다. 톨발의 사랑은 그녀의 외모에 바탕을 두고 있으며 아름다움이 쇠퇴하면 사랑도 식을지 모른다고 은연중에 생각하고 있는 것이다. 미래에도 톨발의 믿음과 헌신적인 사랑을 잡아두기 위해서는 미모를 비롯한 무엇인가가 필요하다고 말하는 태도는 노라가 겉보기처럼 순진하거나 단순하지 않다는 증거다. 그녀는 자기라는 존재의 곤혹스러운 실체를 인정하는 통찰력과 총명함을 지녔으며, 사람을 잘 다루는 측면도 있다.

2. 자유야, 완전한 자유. 아이들과 놀면서 시간을 보내고, 톨발이 좋아하는 방식으로 깨끗하고 아름다운 집을 갖는 거지.

— 제1막. 노라는 린데 부인에게 새해에 크로그스타의 빚을 갚고 나면 완전히 자유의 몸이 될 것이라면서 가장 큰 고민을 부각시키고, 자유로워지면 아이들과 놀아주는 어머니의 역할과 집을 아름답게 꾸미는 전통적인 아내노릇을 할 수 있을 것이라고 주장한다. 그러나 이 작품은 노라가 전통적인 가정의 틀 안에서는 자유로워질 수 없다는 진의를 전달하는 것이 목적이다. 따라서 극이 진행될수록 노라는 진정한 자유를 찾기 위해 자신의 삶이 변화되어야 한다는 점을 차츰 깨닫게 되고, 더불어 그녀가 생각하는 '자유'의 의미도 알맞게 변화되면서 극의 끝부분에서는 자유란 사회적인 구속으로부터의 독립과 자신의 개성, 목표, 신념을 탐구할 능력을 필요로 한다는 점을 자각하게 된다.

3.   **뭔가 기적 같은 일이 생길 거야.**

— 제2막의 끝부분. 노라가 린데 부인에게 톨발이 크로그스타의 편지를 읽으면 벌어질 상황을 예견하며 던지는 말. 이 발언의 의미는 제3막에서 노라가 '기적 같은 일'의 본질을 밝힐 때까지 애매한 상태로 남아 있게 된다. 톨발이 위조 사건의 전모를 알게 되면 아내를 위해 자신의 명예를 희생하고 모든 책임을 떠안을 것이라고 굳게 믿었으나 그 기대를 저버리자 남편에 대한 믿음이 산산조각 나면서 결혼생활의 많은 환상들도 깨지기 시작하고 그 실망감은 자각을 촉발시킨다.

4.   **이제부터 행복은 잊어. 이젠 남아 있는 것들, 파편들, 그리고 외양들을 지켜내는 일뿐이야.**

— 제3막. 노라의 서명 위조와 크로그스타가 그 범죄를 발

설할 수 있다는 사실을 알게 된 톨발이 아내에게 던진 말. 이전 대화들을 통해 톨발은 노라의 아름다움에 가장 큰 관심과 자부심을 느끼며, 아울러 부하직원들에게 위엄 있게 보이면서 존경받는 것에 집착하는 인물이란 사실이 드러났다. 그리고 크로그스타의 편지에 대한 반응에서는 행복 자체보다 행복해 보이는 외양을 더욱 중시하는 얄팍한 위인이란 사실을 알게 된다.

이 발언은 노라가 기대했던 반응과 정반대라는 점에서도 중요한 의미를 갖는다. 노라를 위해 자신의 명예를 조금 희생하기보다 오점이 생기지 않게 하려고 책임을 회피하려 드는 것. 따라서 노라의 위조를 통해 밝혀지는 사실은 노라와 사회 앞에서 강하고 고결해 보이는 톨발의 겉모습과 실체는 정반대라는 점이다.

5. **톨발, 나는 당신을 위해 재주를 부려왔어요. 그것이 내가 살아남은 방식이에요. 당신이 그렇게 하길 원했죠. 당신과 아버지는 내게 아주 큰 잘못을 저질렀어요. 당신들 때문에 내가 내 삶에서 아무것도 이루지 못했거든요.**

— 제3막 끝부분. 노라가 결혼생활, 톨발의 성격, 자기 삶의 실체를 알게 되었다고 표현하기 위해 던진 말. 자신의 삶은 하나의 공연에 불과했으며, 톨발 앞에서 행복하고 아이 같은 아내 연기를 펼치기 이전에도 행복하고 천진난만한 딸 연기를 아버지 앞에서 보여주었다는 것이다. 그리고 크로그스타의 편지 사건을 계기로 아버지와 톨발이 특정한 방식으로 그녀에게 인형 같은 행동을 강요해 왔고, 그 '큰 잘못'이 성숙한 어른이자 한 인간으로서의 성장을 정지시켜 놓았다는 사실을 자각했다는 선언이다. 이제 남은 것은 참된 인간이 되기 위해 다른 사람에게 의존하지 않고 독립적으로 존재하

려는 의지를 행동으로 옮기는 일뿐이다.

　사회의 고착된 인습이 여성으로서의 자아 성장과 자유를 어떻게 억압하는지를 진지하게 폭로한 이 대사는 이후의 여성운동에 불을 지피는 계기를 제공했고, 더불어 노라는 최초의 현대적이고 독립적인 여성의 상징이 되었다.

제목: 인형의 집 A Doll's House

작가: 헨릭 입센 Henrik Ibsen

작품의 종류: 희곡

장르: 사실주의적이고 현대적인 산문 희곡

언어: 노르웨이어

집필 시기와 장소: 1879년, 이탈리아의 로마와 아말피

초판 발행: 1879년

분위기: 심각하고 강렬하며 어둡다.

배경(시간): 1870년대 후반

배경(장소): 노르웨이

주인공: 노라 헬멜

주된 갈등: 노라의 서명 위조를 톨발에게 알리겠다고 협박하는 크로그스타와 노라 사이의 갈등이 자아 발견을 향한 노라의 여정을 재촉하고, 희곡 속에서 펼쳐지는 대부분의 긴장감을 조성한다. 그러나 노라의 중요한 싸움은 남편과 그 남편이 대표하는 사회의 이기적이고 융통성이 없는 강압적인 태도를 상대로 펼쳐진다.

상승: 노라와 린데 부인의 첫 대화, 크로그스타의 방문과 협박, 노라의 서명 위조를 밝히는 편지의 배달

클라이맥스: 톨발이 크로그스타의 편지를 읽고 화를 내며 폭발하는 장면

하강(下降. 클라이맥스 다음 이야기): 톨발이 그녀를 열렬히 사

랑하는 것이 아니라 그녀가 자기에게 의존하는 사람이기 때문에 아주 좋아한다는 사실을 노라가 깨닫는 것, 남편으로부터 독립하겠다는 결심

주제: 여자의 희생적인 역할, 부모와 자식으로서의 의무, 겉모습이 초래하는 오판가능성

모티프: 노라가 규정하는 자유, 편지들

상징: 크리스마스 트리, 새해 첫날

전조: 노라가 톨발이 금한 마카룬을 먹는 행위는 나중에 남편에게 저항할 조짐을 보여준다.

다음 질문에 대해 간단히 서술하시오.(—부분은 참고만 할 것)

1.　돈에 관한 톨발과 노라의 태도를 비교하라.

　　— 톨발과 노라의 첫 대화에서 알 수 있는 내용은 가정 안에서 톨발은 돈을 벌고 지배하는 역할이며, 노라는 돈을 쓰는 역할이다. 톨발은 노라의 씀씀이를 지속적으로 조롱하고, 린데 부인은 노라가 어렸을 때 낭비를 했다고 언급한다. 이러한 의견들은 노라를 물질적인 것에 지나치게 집착하는 천박한 여성으로 그린다. 그러나 짐꾼에게 팁을 넉넉하게 건네는 모습은 이기적인 여성이 아니란 사실을 드러낸다. 더 중요한 사실은 노라의 채무가 관객에게 알려질 때부터 돈에 대한 그녀의 관심은 사소한 욕구보다는 가족의 행복을 위한 것이 분명해진다는 점이다. 남편의 새로운 일자리를 반기는 이유도 크로그스타에게 빚진 돈을 드디어 갚을 수 있다는 사실에서 기인한다는 것을 알 수 있다.

　　톨발은 노라의 씀씀이를 나무랄 때 이외에는 돈에는 그다지 신경을 쓰지 않지만, 자신의 명예를 유지하기 위해 필요하다고 여기는 아름다운 집과 아름다운 아내에 대해서는 크게 집착한다. 그러나 노라는 대부분 가치 있는 일에 돈을 쓰는 반면, 정작 아내가 쓸데없는 일에 돈을 낭비한다고 나무라는 톨발은 이기적이고 얄팍한 일에 돈을 쓴다.

2.　톨발이 노라의 낭비와 어리석음을 계속 나무라면서도 그 같은 행동을 북돋아주는 이유는? 이러한 모순을 통해 우리가 톨발과 노라의 관계에서 간파할 수 있는 것은?

― 톨발은 노라가 세상물정에 어두운 여인이라고 생각하면서도 그 결과 그녀가 무지해지고 자신에게 의존하기 때문에 그 같은 모습을 좋아한다. 즉 아내에 대한 톨발의 애정을 이루는 바탕은 인격체로서의 사랑이 아니라 의존성인 것. 제1막에서 톨발은 노라의 낭비를 조롱하면서도 아내를 기쁘게 해주기 위해 돈을 건네는가 하면, 아내의 결점을 지적하면서도 바뀌지 않기를 바란다고 실토한다. 아내가 계속 어리석을지언정 그가 없으면 세상을 살아나갈 수 없는 위치에 두기를 즐기는 것.

일반적으로 톨발이 노라의 지속적인 순종이 변치 않기를 원하는 이유는 그녀의 행동을 지배하고 싶기 때문이다. 제2막에서 노라가 타란텔라를 거칠게 추자 그는 혼란스러워한다. 제1막에서 만약 톨발이 아내에게 목숨을 빚지고 있다는 사실을 알게 되면 굴욕감을 느낄 것이란 노라의 말은 톨발이 결혼생활의 힘이 상호적이 아니라 일방적이기를 원한다는 암시다.

3.   극의 끝부분에서의 린데 부인과 노라를 비교하라.

― 제3막의 끝에서 노라와 린데 부인은 모두 삶의 새로운 단계를 맞이한다. 어머니와 아내로서의 역할로부터 독립하고 싶은 노라는 자녀들과 남편을 포기하는 반면, 린데 부인은 크로그스타와 그의 자식들을 보살피기 위해 독립을 포기하는 것. 린데 부인은 사람들이 자신에게 의존하는 것을 좋아하고 독립은 그녀를 만족시키지 못하는 것으로 여긴다. 둘의 상황은 정반대지만 노라와 린데 부인의 결정은 각자의 개인적인 욕구를 채워주고 있으며, 두 사람 모두 남자의 영향을 받지 않고 자유롭게 운명을 선택했다. 입센은 그 선택의 본질보다는 두 여인이 스스로 선택했다는 점이 더 중요

하다고 느끼는 것 같다.

4.   자각하고 변화하는 노라의 모습과 린데 부인의 출현 사이에는 어떤
     관계가 있는가?

5.   제1막에서 린데 부인은 노라를 '철부지'라고 묘사하는데, 노라의
     발전 상태에 관한 이 같은 평가는 타당한가?

6.   아름다움과 외관에 매료되는 톨발의 모습이 그의 성격에 대해 암시
     하는 것은? 극이 진행되면서 그의 태도는 조금이라도 바뀌는가?

7.   노라와 크로그스타를 비교하라. 그들 사이에는 각별히 사회와의 관
     계에서 유사점이 있는가?

8.   〈인형의 집〉에 등장하는 인물들은 '자유로운'과 '자유'라는 단어를
     어떻게 사용하는가? 인물에 따라 다르게 사용되는가? 극의 진행에
     따라 내포된 의미가 달라지는가?

다음 질문에 알맞은 답을 고르시오.

1. 톨발이 요양차 갔던 나라는?
   A. 독일
   B. 노르웨이
   C. 이탈리아
   D. 스웨덴

2. 노라가 돈을 빌린 사람은?
   A. 크로그스타
   B. 톨발
   C. 린데 부인
   D. 랭크 박사

3. 랭크 박사가 명함에 표시한 검정 십자가의 의미는?
   A. 노라를 사랑한다.
   B. 기분이 좋지 않다.
   C. 매우 종교적이다.
   D. 곧 세상을 떠난다.

4. 노라와 톨발의 자녀 수는?
   A. 한 명
   B. 세 명
   C. 없다.
   D. 일곱 명

5.   톨발이 부르는 노라의 별명이 아닌 것은?

A. 다람쥐

B. 종달새

C. 철부지 소녀

D. 복숭아

6.   린데 부인이 부자와 결혼하기 위해 버린 사람은?

A. 톨발

B. 랭크 박사

C. 크로그스타

D. 그녀의 보모의 아버지

7.   린데 부인은 누구를 보살피기 위해 오랜 세월동안 일을 했는가?

A. 어머니와 남동생들

B. 자녀들

C. 남편

D. 미친 삼촌

8.   랭크 박사가 병에 걸린 이유는?

A. 어머니로부터 유전되었다.

B. 아버지로부터 유전되었다.

C. 전투를 하다가

D. 아주 아픈 환자에게 전염되었다.

9.   노라를 길러준 사람은?

A. 유모

B. 린데 부인

C. 헬렌

D. 노라의 할머니

10. **톨발이 노라에게 먹지 못하게 하는 것은?**

A. 대추야자

B. 베이컨

C. 조개

D. 마카룬

11. **연극이 펼쳐지는 곳은?**

A. 랭크 박사의 서재

B. 헬멜의 집

C. 크로그스타의 집

D. 린데 부인의 아파트

12. **노라는 누구의 서명을 위조했는가?**

A. 크로그스타

B. 톨발

C. 아버지

D. 딸

13. **린데 부인의 이름은?**

A. 크리스티네

B. 다이앤

C. 헨릭

D. 헤다

14. **크로그스타의 평판을 나쁘게 만든 범죄는?**

A. 서명 위조

B. 살인

C. 절도

D. 지폐 위조

15. 노라가 극의 마지막에서 자신과 비교하는 것은?

A. 다람쥐

B. 노예

C. 죄수

D. 인형

16. 랭크 박사가 은밀하게 사랑하는 사람은?

A. 헬렌

B. 노라

C. 크로그스타

D. 린데 부인

17. 연극의 배경이 되는 휴일은?

A. 할로윈

B. 새해

C. 부활절

D. 크리스마스

18. 노라가 톨발의 취향에 맞춰 아주 거칠고 격렬하게 해내는 것은?

A. 아이들과 노는 것

B. 요리와 청소

C. 춤

D. 크로그스타와 다투는 것

19. 톨발이 노라의 위조 사실을 알게 된 계기는?

A. 크로그스타의 편지

B. 린데 부인의 폭로

C. 랭크 박사와 노라의 대화

D. 노라의 고백

20. 노라가 랭크 박사에게 느끼는 감정은?

A. 지루하다.

B. 소름이 끼친다.

C. 잘 모른다.

D. 아주 좋아한다.

21. 극의 첫 부분에서 톨발이 노라를 놀리는 이유는?

A. 지갑을 잃어버렸기 때문

B. 돈을 너무 많이 썼기 때문

C. 빨래하는 것을 잊어버렸기 때문

D. ‘metempsychosis(윤회)’란 단어를 잘못 발음했기 때문

22. 노라는 톨발이 서명 위조를 알게 되면 어떻게 행동할 것이라고 생각하는가?

A. 모든 책임을 진다.

B. 다른 여자를 만나기 위해 결별한다.

C. 아이들을 빼앗는다.

D. 그녀를 죽인다.

23. 톨발이 참석하는 행사는?

A. 생일 파티

B. 랭크 박사의 송별회

C. 부활절 파티

D. 가장무도회

24. **톨발이 은행장으로 일하게 되면 얻게 될 이점은?**

A. 일하는 시간이 줄어든다.

B. 돈을 더 많이 벌게 된다.

C. 휴가를 더 많이 갖게 된다.

D. 아이들과 지내는 시간이 더 많아진다.

25. **〈인형의 집〉 관객들이 마지막으로 듣는 것은?**

A. 문이 닫히는 소리

B. 총소리

C. 기차의 경적

D. 개 짖는 소리

정답 |

1. C   2. A   3. D   4. B   5. D   6. C   7. A   8. B   9. A   10. D

11. B   12. C   13. A   14. A   15. D   16. B   17. D   18. C   19. A   20. D

21. B   22. A   23. D   24. B   25. A

SPARKNOTES™

SPARKNOTES™

미국에서 1억부 이상 판매된 기적의 논술가이드
클리프노트가 한국에 상륙했다!!

방대한 고전을 하루만에 독파하는 스피드
다락원 명작노트 **CliffsNotes** 시리즈는

▶ 미국대학위원회, 서울대, 연·고대 추천 고전을 알기 쉽게 재구성한 대한민국 대표 논술교과서입니다. ▶ 작품의 핵심내용과 사상, 역사적 배경, 심볼, 작가의 의도 등을 명확하게 정리하여 방대한 원작을 쉽고 빠르게 이해할 수 있게 해줍니다. ▶ 미국에서 리포트, 논술용으로 1억 부 이상 팔린 초베스트셀러의 명성에 비평적 사고와 논리적 글쓰기의 모델을 제시하는 〈一以貫之〉의 논술 노트를 통해 사고 능력, 읽기 능력, 쓰기 능력을 체계적으로 길러줍니다.

★ 〈一以貫之〉 논술연구모임: 대입 논술이 시작될 때부터 학원과 학교에서 논술을 가르쳐온 전문가들의 모임입니다. 현재 서울·분당·평촌·인천·광주·부산·울산 등의 유명 학원과 고등학교의 논술강의 현장에서 학생들이 '자신의 물음'과 '자신의 생각'을 갖고 '자신의 글'을 쓸 수 있도록 도와주고 있습니다.

다락원 명작노트 **CliffsNotes** 시리즈 50권 출간

001 걸리버 여행기   002 동물농장   003 허클베리 핀의 모험   004 호밀밭의 파수꾼   005 구약 성서

006 신약 성서   007 분노의 포도   008 빌러비드   009 이반 데니소비치의 하루   010 카라마조프 가의 형제들

011 순수의 시대   012 안나 카레니나   013 멋진 신세계   014 캉디드   015 캔터베리 이야기   016 죄와 벌

017 크루서블   018 몽테크리스토 백작   019 데이비드 코퍼필드   020 프랑켄슈타인   021 신곡

022 막대한 유산   023 햄릿   024 어둠의 심연 外   025 일리아드   026 진지함의 중요성   027 제인 에어

028 앵무새 죽이기   029 리어 왕   030 파리대왕   031 맥베스   032 보바리 부인   033 모비딕

034 오디세이   035 노인과 바다   036 오셀로   037 젊은 예술가의 초상   038 주홍 글씨   039 테스

040 월든   041 워더링 하이츠   042 레미제라블   043 오만과 편견   044 올리버 트위스트   045 돈키호테

046 1984년   047 이방인   048 율리시스   049 실낙원   050 위대한 개츠비